Wolfgang Krüger

Aus Eifersucht kann Liebe werden

Wolfgang Krüger

Aus Eifersucht kann Liebe werden

Die Heilung eines ungeliebten Gefühls

KREUZ

® MIX
Papier aus verantwor-
tungsvollen Quellen
FSC
www.fsc.org FSC® C083411

© KREUZ VERLAG
in der Verlag Herder GmbH, Freiburg im Breisgau 2013
Alle Rechte vorbehalten
www.kreuz-verlag.de

Umschlaggestaltung: Vogelsang Design
Umschlagmotiv: © fotosearch.de

Satz: de·te·pe, Aalen
Herstellung: CPI books GmbH, Leck

Printed in Germany

ISBN 978-3-451-61184-1

Inhalt

Die Eifersucht als Warnsignal

Fast jeder von uns kennt Eifersuchtsgefühle. Dies stelle ich immer wieder in meiner Therapiepraxis fest. Ich bin Psychotherapeut und behandle viele Patienten mit Partnerschaftsschwierigkeiten. In jeder zweiten Behandlung spielen Eifersuchtsaffekte eine erhebliche Rolle. Und so fand ich in dieser Woche folgende Aufzeichnungen in meinen Therapienotizen:

- Ich bin immer unruhig, wenn mein Mann später aus dem Büro kommt. Er hat eine hübsche Sekretärin. Ich frage dann oft nach ihr. Mit dem Verstand weiß ich, dass mich mein Mann liebt, aber ich kenne doch diese ständige Unsicherheit. Ich denke immer, er könnte sich für eine andere entscheiden.

- Wenn mein Partner längere Zeit nicht mit mir schläft, habe ich sofort den Gedanken: bin ich nicht mehr attraktiv für ihn? Hat er vielleicht eine andere? Und wenn wir essen gehen, schaut er etwas zu sehr anderen Frauen hinterher.

- Meine Frau trifft sich einmal im Monat mit ihrem Exmann. Er ist der Vater der Kinder. Sie verstehen sich gut. Ich zucke immer zusammen, wenn sie gemeinsam lachen. Ich habe Angst, dass sie wieder etwas beginnen und mir dann sagen: wegen der Kinder haben wir uns wieder zusammengerauft. Ich mag es nicht, wenn sie häufig von ihm erzählt …

Dies sind drei Beispiele einer ganz normalen Eifersucht, wie sie die meisten Menschen kennen. Nach einer von mir durchgeführten Umfrage leiden 80 Prozent der Deutschen unter Eifersuchtsgefühlen.[1]

- 22 Prozent haben schon einmal im Handy des Partners/der Partnerin spioniert.
- 12 Prozent haben sogar die E-Mails des Partners kontrolliert.
- 11 Prozent der Deutschen sagen über sich selbst, dass sie massiv eifersüchtig sind. Wiederholt haben Sie dem Partner eine heftige Szene gemacht.
- Nur 18 Prozent der Deutschen sind überzeugt, dass sie nie eifersüchtig sind.

Man darf wieder eifersüchtig sein

Die Eifersucht ist also sehr weit verbreitet. Und sie gehört zu jenen Gefühlen, die unser Leben massiv beeinträchtigen können. Vielleicht kennen Sie auch diese Gefühle, die mir eine Patientin schilderte:

»Manchmal denke ich, ich habe einen kleinen Teufel im Ohr. Er flüstert mir zu, dass ich meinem Mann nicht vertrauen darf. Er kommt später aus dem Büro und ich denke sofort: er hat eine andere. Blödsinn – sage ich mir dann. Und dann schweigt dieser kleine Teufel eine Weile. Doch dann fallen mir Situationen ein, in denen mein Mann wie abwesend war. Dann denke ich wieder: Ob er nicht doch in Wirklichkeit eine Geliebte hat? Warum schläft er so selten mit mir? Ist er wirklich mit mir glücklich?« Diese Gefühle beschäftigen die Patientin immer wieder, mal sind sie stärker, dann wieder schwächer. Doch sie verstummen nie ganz und rauben ihr die Lebensfreude.

So geht es auch einer sehr lebensklugen 45-jährigen Frau, die mich vor einigen Jahren fragte: »Wie kann ich meine Eifersucht überwinden? Ich mache mir das Leben unnötig schwer. Er ist schon ein flirtender Typ. Er ist sehr attraktiv und das merken sicher auch andere Frauen. Aber er ist treu – warum bin ich so eifersüchtig?« Um dies Problem zu lösen, stellte ich ihr zunächst viele Fragen. Denn jede Eifersucht ist etwas anders, »die« Eifersucht gibt es nicht. Aber es gibt sehr typische Formen der Eifersucht, und ich habe in den letzten dreißig Jahren eine Therapie der Eifersucht entwickelt, die ich Ihnen vermitteln möchte. Ich würde Sie daher gern auf eine Forschungsreise mitnehmen, damit Sie die eigene Eifersucht erkennen und überwinden können. Denn Sie haben als Leser/Leserin sicher drei Gründe, dieses Buch zu lesen:

- entweder sind Sie selbst eifersüchtig,
- oder Ihr Partner/Ihre Partnerin leidet unter Eifersuchtsgefühlen,
- oder eine gute Freundin oder eines ihrer Kinder ist eifersüchtig.

Auf jeden Fall sind Sie an einer Frage interessiert: Wie überwindet man die Eifersucht? Und dabei will ich Ihnen helfen, denn die Eifersucht ist eines der schrecklichsten Gefühle, die uns plagen können. Im Mittelalter sagte man, Eifersuchtsgefühle seien schlimmer als Zahnschmerzen, und in einem irischen Sprichwort heißt es, die Eifersucht sei eine Nacht, in der keine Sterne leuchten. Die Eifersucht zerstört unsere innere Gelassenheit, oft stürzen wir in Gefühle der Verzweiflung, weil wir das infrage stellen, was uns wichtig ist: die Liebe unseres Partners.

Wie also können wir diese Eifersucht überwinden, unsere Gelassenheit finden, selbstbewusster werden und den Partner lieben? Leicht ist dies nicht, denn wir müssen uns zunächst eingestehen, dass wir eifersüchtig sind. Oft verdrängen wir die Eifersucht, da uns dieses Eingeständnis schwer fällt. Vor einigen Wochen erzählte mir eine junge Frau zögernd in einer Therapiestunde: »Ich habe eine furchtbare Eigenschaft: ich bin eifersüchtig. Kürzlich haben wir auf dem Markt die Ex-Freundin meines Partners getroffen und sie schickte anschließend eine SMS. Das beschäftigte mich dann sehr. Früher habe ich auf so etwas mit Schweigen reagiert, ich zog mich zurück. Mein Partner sagte oft, ich sei bockig. Doch nun will ich das überwinden, ich will reden.« Ich begrüßte diesen Vorsatz sehr und war zugleich erstaunt. Die Patientin hatte mir bereits viel über Ängste, Partnerschaftsschwierigkeiten, über peinliche Situationen erzählt. Doch die Eifersuchtsgefühle hatte sie bisher verschwiegen. »Ich habe mich geschämt«, erklärte sie mir.

Wir müssen also zunächst lernen, die Eifersucht zu akzeptieren. Dies ist der erste Schritt zur Heilung. Denn die starke Eifersucht ist tatsächlich eine Sucht, die wir nur dann überwinden können, wenn wir sie nicht verdrängen. Eine esoterisch orientierte Freundin sagte mir, man müsse die Eifersucht »liebevoll umarmen«. Das heißt nichts anderes, als dass wir lernen müssen, auch mit jenen Schwächen umzugehen, die wir selbst als problematisch empfinden. Und dazu müssen wir insbesondere die Schamproblematik durchdringen, die uns den unbeschwerten Zugang zur Eifersucht verstellt.

Die Überwindung der Scham

Es ist immer ein Zeichen großen Vertrauens, wenn wir anderen unsere Eifersucht eingestehen. Falls Sie sich an eigene Eifersuchtsgefühle erinnern – könnten Sie diese genau beschreiben? Wann haben diese begonnen, in welchen Situationen sind Sie eifersüchtig. Weiß Ihr Partner davon, dass Sie eifersüchtig sind? Und haben Sie es der besten Freundin erzählt? Wahrscheinlich sind Ihnen diese Eifersuchtsgefühle eher peinlich, und dafür habe ich großes Verständnis. Wer gelegentlich den Partner kontrolliert, immer wieder Zweifel hat und misstrauisch ist, fühlt sich nie wohl damit. Er empfindet sich irgendwie als kleinlich, als wäre er nicht großzügig genug, dem Partner ein wenig Liebe (außerhalb der eigenen Bindung) zu gönnen. Und zumindest die massive Eifersucht ist doch wirklich ein schreckliches Gefühl, das an Krankheit grenzt.

Tatsächlich ist die Trauer ehrwürdiger, der Zorn anerkannter, die Wut ist großartiger. Aber die Eifersucht ist quälend, weil man so sehr von einem anderen Menschen abhängig ist. Kurzum: Eifersucht ist nie ein schönes Gefühl. Es ist ja die große Angst, dass uns ein anderer vorgezogen wird. Dahinter stecken in aller Regel Kleinheitsgefühle. Man hat Angst, austauschbar zu sein und fühlt sich wie ein kleines, unsicheres Kind. Erwachsen wirkt dies jedenfalls nicht. »Ich bin unruhig, habe irgendwie immer ein angespanntes Gefühl in der Magengrube. Gleichzeitig fühle ich, dass ich ungerecht, kleinlich, dass ich zickig bin«, sagte mir eine Patientin. Ich konnte sie verstehen, denn mit der Eifersucht ist man weit entfernt von jenem charmanten, verführerischen Verhalten, das man sich wünscht. Und man fragt sich manchmal: Wie soll denn der Partner auf dieses »Häuflein Elend« eingehen, wie soll er uns lieben, wenn er vorher von uns massiv beschuldigt wurde? Oft verhalten wir uns doch wie die Kriminalpolizei. Wir sind nicht nur aufmerksam, sondern haben einen festen Verdacht und spionieren, spähen das Leben des Partners aus und verhalten uns misstrauisch-gereizt.

Und so leiden wir nicht nur selbst unter den Eifersuchtsgefühlen. Wir haben auch den Eindruck, dass wir dem Partner das Leben schwer machen. Und wir leiden auch darunter, dass die Eifersucht gesellschaftlich lange wenig akzeptiert war. In Filmen und auf der Bühne wurde die Eifersucht lächerlich gemacht und während der Studentenbewegung wollte man sie gleich ganz abschaffen. Das war eine radikale Antwort auf das Familienmodell der Nachkriegszeit, die vor allem die Funktion hatte, gemeinsam die Not zu bewältigen und einen Schutz gegenüber einer unsicheren Welt zu gewährleisten. Das Modell »Festung« war das typische Muster dieser Familien. Folgerichtig schottete man sich nach außen ab und blieb auch zusammen, wenn man sich überhaupt nicht mehr verstand. Man unternahm kaum etwas allein. Doch es gab trotzdem Versuchungssituationen. Sprichwörtlich war und ist der Kurschatten, der einen der Ehepartner wieder aufblühen ließ.

Die Betrogenen waren natürlich extrem wütend, wenn eine solche Geschichte entdeckt wurde. Sie sahen das Kernproblem nicht in der unlebendigen Ehe, sondern im Seitensprung. Eines begriff man seinerzeit nicht: dass jede Ehe auch Freiheit braucht, auch Anregungen von außen. Dass Freundschaften eine Ehe beleben, dass die frische Luft solcher Bindungen wichtig ist für eine Ehe. Ende der sechziger Jahre passierte nun das gleiche wie in der Natur. Weil sich eine ganze Gesellschaft jahrzehntelang gegen notwendige Veränderungen gewehrt hatte, gab es ein Erdbeben. Die Spannungen entluden sich und fegten die alten Normen fort, die jetzt nicht mehr gelten sollten. Alle Bindungen wurden infrage gestellt, man suchte die totale Freiheit – auch in der Erotik. Nichts sollte mehr einengen, nichts uns verpflichten. Man schüttete wieder einmal das Kind mit dem Bade aus, übertrieb maßlos. Plötzlich war Treue nicht mehr zeitgemäß, Eifersucht störte nur noch. Zwar gab es durchaus Vertreter der Studentenbewegung, die treu waren. Rudi Dutschke heiratete heimlich. Aber Sartre und Beauvoir waren jenes Paar, das uns beispielhaft vorlebte, dass man auch in der Sexualität großzügig und freizügig sein konnte. Umso erschütterter waren wir, als wir von den Eifersuchtsdramen der Simone de Beauvoir lesen mussten. Sie hatte sich immer mit den Liebesaffären Sartres arrangiert. Doch schließlich erkrankte sie schwer und schrieb einer Freundin: »Wenn A mit B etwas erlebt, und B erlebt das gleiche mit Z, wird sich A verständlicherweise ausgeschlossen fühlen; etwas Gemeinsames zerbricht, etwas Unersetzliches, das er mit B erlebt hat, wird zerstört.«[2]

Diese Einschätzung von Simone de Beauvoir war eine Sensation. Denn im Allgemeinen wurde Eifersucht in den letzten Jahrzehnten abgewertet. Der Eifersüchtige galt als liebesunfähig. Man war überzeugt: Wer wirklich liebt ist nicht eifersüchtig. Und man hatte Angst vor den Affekten des Eifersüchtigen. Denn oft schadet er dem Partner und bringt ihn manchmal sogar im Affekt um. Tatsächlich werden ein Viertel aller Morde aus Eifersucht verübt, wobei Männer bei 90 Prozent aller Partnertötungen die Täter sind. Und Männer bringen dann eher den Rivalen um, während Frauen ihren Mann töten. Die Eifersucht ist also manchmal so mörderisch, dass man überzeugt sein könnte, es würde sich hierbei mehr um eine Selbstliebe handeln. Der Menschenkenner La Rochefoucauld verurteilte daher die Eifersucht als die schlimmste aller Leidenschaften. Sie habe kein Erbarmen mit dem, den sie zu lieben vorgibt. Tatsächlich ist Eifersucht oft destruktiv, sie ist die dunkle Seite der Liebe. Dies wird schon bei der Herkunft des Wortes Eifersucht deutlich. »Eiver« kommt aus dem althochdeutschen und bedeutet: das Herbe, das Bittere. Und »suht« bedeutet: Krankheit, Seuche. Eifersucht muss früher vor allem in kleinen Gemeinschaften als eine enorme Störung des sozialen Friedens angesehen worden sein. Doch heutzutage sollten wir souveräner mit der Eifersucht umgehen. Wir sollten stark genug sein, auch den Dämon Eifersucht zu bändigen.

Die kleine Schwester der Treue

Glücklicherweise können wir heute wieder offener über Eifersucht sprechen. Das hängt sicher auch damit zusammen, dass Treue von vielen Menschen wieder als sehr wichtig angesehen wird. Wir leben in unsicheren Zeiten, in denen der Partner bedeutender wird und die Treue an Wert gewinnt. Und wer sich zur Treue bekennt, bejaht immer die Eifersucht. Denn die Eifersucht ist die kleine Schwester der Treue. Wie man zur Eifersucht steht, hängt immer auch davon ab, wie wir die Treue bewerten. Ich selbst bin überzeugt, dass die Treue wichtig ist. Wir müssen soziale Wurzeln haben, damit wir uns im Leben sicher und geborgen fühlen. Wir müssen insbesondere dem Partner vertrauen können und die Gewissheit haben: Er ist der Mittelpunkt meines Lebens. Vieles können wir nicht kontrollieren, oft ist das Leben tragisch: Wir werden von schweren Krankheiten heimgesucht, leiden oft unter großen Unsicherheitsgefühlen, der Arbeitsplatz ist bedroht. Deshalb sollte der

Partner jener Mensch sein, auf den man sich verlassen kann. Natürlich gibt es auch in einer Liebesbeziehung Konflikte, Probleme, Streitigkeiten. Aber es gehört dennoch für mich zu einer Liebesbeziehung, dass wir spüren: uns verbindet ein besonderes Band der Nähe.

In unserer Zeit darf man wieder über seine Eifersucht sprechen, sie ernst nehmen. Sie ist heute einigermaßen rehabilitiert. Nach meiner Umfrage gehören für 80 Prozent der Befragten Liebe und Eifersucht untrennbar zusammen. In diesem Sinne ist die Eifersucht normal. Dies jedenfalls war die Überzeugung von Sigmund Freud, er hielt die Eifersucht für einen ganz normalen Gefühlszustand. Er betonte, man würde ein gewisses Maß an Eifersucht im Alltagsleben sogar als wünschenswert ansehen. Denn zur Eifersucht gehört doch immer eine große Empfindungsfähigkeit, man hört gleichsam das Gras wachsen, und Sigmund Freud meinte sogar, der Eifersüchtige habe eine außerordentliche Sensibilität für das Unbewusste des Partners. Dies traf auch auf Freud selbst zu, er spürte sofort, wenn ihm seine Verlobte etwas verschwieg. Doch ihre Zurückhaltung stellte sich oft als normale Magenstörung heraus.

Eifersucht als Warnsignal

Aber auch wenn die Eifersucht oft übertrieben sein mag: Ich kann mir Liebe ohne Eifersucht nicht vorstellen. Deshalb stimme ich einer Aussage in dem Roman »Mitjas Liebe« von Bunin zu, wo es heißt: »Wer nicht eifersüchtig ist, der liebt meiner Meinung nach auch nicht.« Denn die Eifersucht ist ein Warnsignal der Liebe. Deshalb meinte der französische Schriftsteller Balzac: »Nichts ist gesünder und geheiligter als Eifersucht.« Und er fährt fort, die Eifersucht sei eine Schildwache, die niemals schläft, sie sei eine wahrhaftige Warnung. Die Eifersucht soll uns also davor warnen, dass die Liebe bedroht sein könnte. Sie zeigt uns, dass eine Gefährdung der Beziehung vorliegt. Dass wir uns in der Partnerschaft zu weit voneinander entfernt haben. Die normale Eifersucht sagt uns also: »Du bist so weit weg, hier stimmt etwas nicht, du solltest das ändern, sonst reißt das Band der Nähe.« Insofern ist die Eifersucht eine positive Fähigkeit. Es weist oft auf ein Erkalten der Liebe hin, wenn man nicht eifersüchtig ist. Und schon der Kirchenlehrer Augustinus meinte: »Wer nicht eifersüchtig ist, der liebt nicht.«

Die Eifersucht ist also ein Warnsignal. Hätten wir diese Möglichkeit nicht, würden wir ahnungslos leben, und die Liebe könnte verlorengehen. Denn es gibt immer wieder Versuchungssituationen, in denen der Partner von mir abrücken kann. Immer kann es in einer Partnerschaft zu Situationen kommen, in denen das Band der Nähe etwas dünner wird. Das kann für die Beziehung gefährlich werden. Wir wissen, dass über 20 Prozent aller Beziehungen durch ein »Wildern« zustande kommen. Alleinstehende Personen jagen einem Ehemann die schöne Frau, einer Ehefrau den attraktiven Mann ab. Und das wissen wir alle instinktiv und reagieren empfindlich auf solche Wilderer. Und wir setzen Stoppsignale. Wenn der eigene Mann zu sehr flirtet, kommt die Frau fast zufällig vorbei, schnippt die Fussel von seinem Anzug und macht deutlich, dass sie die Ehefrau ist. Und wenn dies nicht reicht, fragt sie nach: wann gehen wir nach Hause? Wirkungsvoll ist auch die Frage, ob er seine Herztropfen schon genommen hat. So verteidigt man sein Revier, die »Eigentumsrechte« werden verdeutlicht. Solche Interventionen sind wichtig, weil sie am Beginn einer Liebesbeziehung durchaus erfolgreich sein können. Reagiert die Frau auf das Flirtverhalten gar nicht, könnte dies ein Zeichen dafür sein, dass der innere Draht zum Partner verlorengegangen ist.

Eifersucht als Frühwarnsystem

Die Eifersucht ist also ein sinnvolles Alarmsystem. Und solche Alarmsysteme gibt es überall, wenn uns etwas wichtig ist. Alarmanlagen schützen unser Geld in der Bank, unser

Internetzugang wird durch Antivirenprogramme kontrolliert, Rauchmelder sollen verhindern, dass wir nachts ersticken, wenn es brennt. Und auch die Eifersucht ist ein solches sinnvolles Alarmsystem. Denn wie würde es Ihnen gehen, wenn ihr Partner nie eifersüchtig wäre? Sie erzählen von anderen Männern und er reagiert völlig ungerührt. Dann wissen Sie, dass er das Interesse an Ihnen verloren hat.

Die Eifersucht ist ein Liebesbeweis und grundsätzlich wichtig, weil sie uns oft sehr frühzeitig auf Bedrohungen der Liebe hinweist. Gerade am Beginn einer Partnerschaft ist es oft ein Fehler, wenn wir zu kompromissfähig sind. Sonst geht es uns so wie der 60-jährigen Frau, die von ihrem Mann folgende Phantasie hörte: »Ich habe den Tagtraum, dass ich zusammen mit einer Frau Cello spiele, die nackt ist. Und nach dem Konzert gehen wir zusammen hinter die Bühne und vergnügen uns.« Nun ist diese Phantasie uralt, sie wurde in zahlreichen Filmen und Kunstwerken umgesetzt und man mag sich fragen: was ist dabei? Aber es ist ein Testfall. Die Festigkeit des Nähe-Vertrags und die Wehrhaftigkeit der Partnerin werden geprüft. Sie sagte nichts, er flirtete tatsächlich zunehmend mit Frauen, ging schließlich fremd. So entstanden »Gewohnheitsrechte« und er reagierte sehr verstimmt, als sie ihn nach vielen Jahren zur Treue verpflichten wollte.

Eifersucht als Stoppsignal

Die Eifersucht hat vor allem eine Bedeutung: Sie ist ein Stoppsignal, um die Liebe zu retten. Deshalb wird die Eifersucht auch als positiv angesehen. Allerdings dürfen solche Eifersuchtsregungen nicht zu destruktiv sein. Fast alle Menschen sind überzeugt, dass Eifersucht auch nerven kann. Doch wir akzeptieren die Eifersucht vor allem dann, wenn sie ein Stoppsignal beinhaltet. Vorsicht, du hast die Grenzen bereits überschritten – das ist die Botschaft dieser Mitteilung. So jedenfalls empfand eine junge Lehrerin ihre Affekte, als sie mit ihrem Partner auf einem Kongress war. »Eine seiner jüngeren Kolleginnen schwärmte ihn an. Sie flirtete unverhohlen mit ihm, obgleich ich neben ihm stand. Sie machte ihm schöne Augen, übersah mich geflissentlich. Ich habe dann meinen Partner von ihr weggezerrt und habe ihm deutlich gemacht, dass mir das nicht gefällt.« Diese Eifersucht ist notwendig und sinnvoll, denn eine Beziehung kann beschädigt werden, wenn der Partner ungehindert mit einer anderen Frau/einem Mann flirtet. Das muss nicht von ihm ausgehen, es reicht aus, wenn er dies zulässt, wenn er mitmacht.

Sie rief auch am Wochenende an

Nun handelt es sich oftmals noch nicht einmal um einen erotischen Flirt, sondern um eine aktive Beziehungsaufnahme, die weit über die Grenzen einer Freundschaft hinausgeht. Das zeigt unser zweites Bespiel, das mir die Frau eines Unternehmers mitteilte: »Mein Mann hatte eine neue Sekretärin eingestellt, die sich sehr um ihn kümmerte. Man muss wissen, dass mein Mann immer bis spät in die Nacht hinein arbeitet. Also ging sie gelegentlich auch für ihn einkaufen. Aber als sie ihm Hemden kaufte, wurde ich unruhig. Doch die Alarmglocken läuteten, als sie dann auch am Wochenende bei uns anrief und sich erkundigte, wie es ihm ginge. Da bat ich sie um ein Gespräch und sagt ihr ganz klar, er sei mein Mann.«

Solche Stoppsignale haben eine wichtige Funktion. Sie verhindern, dass eine möglicherweise verhängnisvolle Auflösung der Grenzen der Beziehung beginnt. Jede Partnerschaft ist ein inneres Abkommen, das auf der Grundlage einer tiefen Wertschätzung auch gewisse Regeln und Normen enthält. Wir sind uns meist darüber einig, dass man nicht übermäßig mit anderen flirtet, keine Seitensprünge begeht, nicht untreu ist. Die Erotik ist der Partnerschaft vorbehalten. Doch manchmal »juckt uns das Fell«. Dann testen wir Grenzen aus, sind übermütig und schauen gespannt, wie die Partnerin, der Partner darauf reagiert. Dies passiert nicht nur geltungssüchtigen Männern, obgleich diese besonders gern fremdflirten. Auch Frauen testen gelegentlich, ob ihr Partner Grenzen setzen kann und ein richtiger Mann ist.

Wenn man hier kein Stoppsignal setzt, hat dies verhängnisvolle Auswirkungen. Das ist so, als würden Sie das Dach nicht reparieren lassen, es regnet durch, die Mauern werden feucht, schließlich ist das Haus ein Sanierungsfall. Mir fällt bei vielen sehr schwierigen Ehekrisen auf, dass es anfänglich solche Testsituationen gab, auf welche die Ehefrau nicht reagierte. So nahm eine sehr lebendige Beamtin das Fremdflirten ihres Mannes zunächst nicht so ernst, sie wollte ihn nicht einengen, weil es durchaus immer wieder zu Situationen verlässlicher Nähe kam. Doch so wie langsam eine durchfeuchtete Böschung abrutschen kann, nahm das Verhängnis seinen Lauf: »Erst merkte ich nur, dass er gern mit anderen Frauen flirtete. Saß ich mit ihm im Restaurant, schaute er sich immer um, als wäre er eine Radarantenne. Ich liebte ihn trotzdem, er war so ein jungenhafter Typ und wir begannen eine Partnerschaft. Das ging eine Weile gut, dann merkte ich, wie er aktiv mit Frauen flirtete, sie richtig anbaggerte. Schließlich kam Stufe drei: Er sprach gelegentlich davon, dass er gern was mit anderen Frauen hätte, er würde gern mit ihnen schlafen. Heute frage ich mich, ob es nicht besser gewesen wäre, wenn ich schneller reagiert hätte. Aber ich wollte ihm immer seine Freiheit lassen ...« – so die 54-jährige Beamtin, die wegen ihrer Eifersuchtsgefühle kaum schlafen kann.

Besonders häufig ist natürlich das Fremdflirten, wenn die eigene Beziehung in einer Krise steckt. Nach vielen Konflikten und seelischen Verletzungen haben sich beide zurückgezogen, Erotik findet kaum noch statt, und nun ist ein Partner innerlich auf der Suche. Das kann uns doch nicht gleichgültig lassen. Darauf müssen wir doch sowohl einfühlsam, aber auch entschlossen reagieren. Wir müssen dem Partner zeigen, dass wir weiter an der Beziehung interessiert sind, sein Fremdflirten aber nicht akzeptieren. Kurzum: wir müssen geschickt handeln.

Die Empfindlichkeit der Warnmelder

Der erfolgreiche Umgang mit der Eifersucht setzt also voraus, dass wir angemessen reagieren können. Doch dazu müssen die Alarmmelder der Eifersucht nicht zu empfindlich eingestellt sein, weil sie sonst auch dann einen Alarm auslösen, wenn keine Gefahr droht. Sehr drastisch wurde mir dies vor Augen geführt, als ich Lehrling in einem großen Betrieb war, der Telefone herstellte. Man hatte dort in der Nachkriegszeit einen Erschütterungsmelder für einen alten Tresor gebaut. Die Lohngelder sollten vor einem Einbruch geschützt werden, und so war dieser Alarm recht empfindlich eingestellt. Doch dies führte dazu, dass bereits die Erschütterungen eines vorbeifahrenden Lastwagens zum Alarm führten, so dass die Polizei häufig mit Blaulicht vor der Tür stand. Solche Einsätze kosteten jedes Mal 100 DM, so dass wir mitunter schon ins Schwitzen kamen, wenn wir nur einen Lastwagen hörten. Ähnlich ist es mit der massiven Eifersucht: Hier besteht eine so starke Empfindlichkeit, dass der Eifersüchtige kaum spüren kann, ob wirklich eine Bedrohung der Beziehung vorliegt.

Die verschiedenen Formen der Eifersucht

Wir sehen also, dass die Eifersucht bei einem sehr früh, bei einem anderen eher spät ausgelöst wird. Denn es gibt sehr verschiedene Formen der Eifersucht. Es gibt die milde Eifersucht, die fast jeder kennt. Es gibt die mittlere Eifersucht und die massive Eifersucht, die wir als Dämon erleben. Aber auch die fehlende Eifersucht kann ein massives Problem darstellen. Damit Sie den Grad Ihrer Eifersucht etwas besser einschätzen können, würde ich Ihnen gern einige Fragen stellen:

Frage 1: Ihr Partner/in flirtet etwas auf einer Einladung. Kein Kuss, keine Zärtlichkeiten, aber er »äugelt«. Was tun Sie:
a) Ich denke – warum nicht.
b) Ich mache ihm eine Szene und drohe mit Trennung.
c) Ich fordere ihn zum Tanz auf.

Frage 2: Ihr Partner will mit einer Freundin – die er schon lange kennt – eine Radtour machen
a) Er kann doch tun und lassen, was er will.
b) Ich bin instinktiv dagegen.
c) Ich erkundige mich nach der Freundin, will sie sehen und spüre, das ist keine Bedrohung.

Frage 3: Ihr Partner erzählt von seiner Exfreundin – wie gehen Sie damit um?
a) Das ist mir alles zu intim. Das will ich nicht wissen.
b) Ich will genau wissen, wie seine früheren Frauen waren.
c) Er kann alles erzählen, aber über die Erotik sollte er schweigen.

Frage 4: Würden Sie es merken, wenn Ihr Partner fremdgeht?
a) Leben und leben lassen, was er heimlich macht ist seine Sache. Darüber denke ich nicht nach.
b) Ja – ich merke schon, wenn er sich zu sehr mit anderen Frauen beschäftigt. Und notfalls lese ich heimlich seine E-Mails.
c) Das spürt man doch … irgendwie ist dann die Nähe zwischen uns gestört. Es ist eine »Funkstörung«.

Frage 5: Sind Sie treu?
a) Nein – warum sollte ich treu sein?
b) Grundsätzlich schon, aber vor einem Jahr verliebte ich mich und erlebte einen Seitensprung.
c) Ja.

Frage 6: Ihr/e Partner/in wird von einem/r Unbekannten angerufen

a) Da mische ich mich nicht ein. Ich will ja auch nicht gefragt werden.

b) Ich mache ihm Vorwürfe, dass er mit einer Fremden telefoniert.

c) Ich frage nach, wer das ist?

Frage 7: Ihr Partner ruft von einer Geschäftsreise an und sagt, er müsse in einer fremden Stadt übernachten. Glauben Sie ihm?

a) Er übernachtet regelmäßig allein.

b) Ich rufe zwei Stunden später noch mal an und prüfe, ob er allein ist.

c) Ja, ich vertraue ihm vollständig, wir lieben uns. Ich spüre, dass ich ihm vertrauen kann.

Frage 8: Wann haben Sie Ihrem Partner gesagt, dass Sie ihn lieben?

a) Vor über einem Jahr

b) Vor einem Monat

c) Letzte Woche

Frage 9: Wenn Ihr Partner schon drei Wochen nicht mit Ihnen geschlafen hat …

a) … ist er vermutlich sehr erschöpft,

b) … schläft er vermutlich mit einer anderen Frau,

c) … sollte ich ihn wieder erotisch massieren.

Frage 10: Ihr Partner liest morgens die Zeitung ausführlich

a) Soll er doch, dann gehe ich mit dem Hund raus.

b) Ich bin eifersüchtig, er soll sich mit mir unterhalten.

c) Ich lese auch Zeitung.

Der Fragebogen soll kein klassischer Test sein, der meist leicht zu durchschauen ist. Er soll Sie vielmehr zum Nachdenken anregen, und wenn Sie mutig sind, können Sie diese Fragen auch gemeinsam mit Ihrem Partner beantworten. Und wenn Sie im Wesentlichen Antworten der Kategorie c angekreuzt haben, wird ihre Eifersucht eher gering sein. Wesentlich stärker sind ihre Eifersuchtsgefühle, wenn Sie sich mehrheitlich in der Kategorie b wiedergefunden haben. Doch wer hauptsächlich a angekreuzt hat, verdrängt vermutlich seine Eifersucht.

Für diese unterschiedlichen Formen der Eifersucht habe ich eine Therapie entwickelt. Sie beruht darauf, dass der Eifersüchtige selbstbewusster wird und genauer erkennt, was sich in ihm abspielt. Er soll seine Kindheit genauer verstehen und den Mut haben, sein Leben zu entwickeln. Er soll aber auch in der Lage sein zu begreifen, welche Rolle die Partnerschaft spielt. Dadurch kann er lernen, sinnvoll mit der Eifersucht umzugehen. Schließlich geht es uns darum, den Partner zu gewinnen, zu behalten, ihn zu lieben. Wir wollen, dass er glücklich ist, dass er sich bei uns wohlfühlt, denn das ist die Voraussetzung dafür, dass er bei uns bleibt.

Ich will Ihnen zunächst die milde Eifersucht vorstellen. Die Erkenntnisse, die wir hierbei gewinnen, sind für alle Formen der Eifersucht wichtig. Das Buch ist wie eine Pyramide aufgebaut. Ausgehend von den Erkenntnissen, die für die milde Eifersucht gelten, beschreibe ich dann die spezifischen Probleme, die es bei der mittleren und der massiven Eifersucht gibt. Doch egal welcher Eifersuchtstyp Sie sind: Sie lernen bei allen Ausführungen viel über sich und die Bewältigung der Eifersucht. Lesen Sie also bitte das ganze Buch!

Die Eifersucht ist in gewisser Hinsicht gerechtfertigt
und verständlich, weil sie nichts anderes will,
als ein Gut bewahren, das uns gehört.

La Rochefoucauld

Die milde Eifersucht

Das große Interesse der Öffentlichkeit gilt meist der rasenden Eifersucht. Sie ist dramatisch und hat für den Leser einen gewissen Unterhaltungswert. Die seelische Tragik blendet man dabei aus. Eine Schauspielerin erzählte mir kürzlich: »Ich fuhr einmal seinem Auto hinterher, weil ich überzeugt war, dass er mich betrügen könnte. Stundenlang beschattete ich ihn und machte ihm dann eine Szene, obgleich alles ganz harmlos war. Aber ich war ja so eifersüchtig.« Doch diese rasende Eifersucht ist eher selten. Häufiger ist die milde Eifersucht, die sich durch drei Merkmale kennzeichnet:

- Es handelt sich um vorübergehende Affekte und keinen Dauerzustand und
- sie hat einen gewissen Realitätshintergrund, denn es liegen ihr konkrete Beobachtungen und Erlebnisse zugrunde, die allerdings oft falsch interpretiert werden. Und als positiv ist zu werten, dass sich
- dieser Eifersüchtige leicht überzeugen lässt.

Doch ganz einfach ist dies nicht, denn zunächst muss es gelingen, dass der Eifersüchtige über diese Gefühle spricht. Aber dies ist schwierig, denn er redet nicht gern über seine Unsicherheitsgefühle, seine Ängste und Affekte, weil er sie als kränkend erlebt. Und so überspielt er diese Gefühle oder verdrängt sie. Nur gelegentlich blitzen die verdrängten Gefühle in anderen Situationen auf, wo man sie kaum versteht. Ein typisches Beispiel: Nachdem ein Mann etwas zu lange der hübschen Kellnerin hinterher geschaut hat, belehrt seine Partnerin ihn eine halbe Stunde später im Auto: »Fahr doch nicht so schnell, du musst immer rasen, pass doch auf, es gibt noch andere Menschen, nicht nur dich!«

Eifersucht und Schamgefühle

Doch glücklicherweise sind solche Situationen bei der milden Eifersucht selten. Denn Sie werden nur gelegentlich von diesen Gefühlen überfallen und meist empfinden Sie nur einen Anflug eines starken Affekts. Häufig können Sie ihre Zweifel in einer sehr entspannten Situation durchaus dem Partner mitteilen. Doch dazu gehört viel Vertrauen, und entsprechende Gespräche gelingen im Allgemeinen nur, wenn die Beziehung intakt ist. Es ist nicht leicht, sich so zu öffnen und dem Partner zu zeigen, wie verletzlich man ist. Denn Eifersuchtsgefühle weisen immer auf eine Abhängigkeit und eine Schwäche hin. Deshalb meinte Nietzsche, Neid und Eifersucht seien die Schamteile der menschlichen Seele. Man wird also die Eifersucht dem Partner nur erzählen, wenn man sich in der Beziehung verstanden fühlt. Sonst schweigt man, was immer zu einem kleinen Tod der Beziehung führt, weil das Band der Nähe verlorengeht. Man erlebt den Partner nicht mehr als vertrauenswürdig, misstrauisch beobachtet man nun seine Handlungen. Jede Abweichung vom früherem Verhalten wird als Beweis für dessen Rückzug gewertet. Wenn er etwas später kommt, innerlich abwesend ist, plötzlich abnimmt – alles wirkt als Verstärkung für das gewachsene Misstrauen. Dass man jedoch selbst mittlerweile auf dem emotionalen Rückzug ist, sieht man nicht.

Das mutige Gespräch

Deshalb sind Gespräche über diese ständigen Zweifel so wichtig. Wenn der Partner halbwegs verständnisvoll auf die Eifersuchtsregungen eingeht, wird damit der beginnende Rückzug aufgehoben und es entsteht eine stärkere Bindung. Wie aufregend solche Gespräche sind, zeigt Tolstoi mit dem kurzen Wortwechsel zwischen dem eifersüchtigen Lewin und seiner Frau Kitty. Lewin hat den Eindruck, dass seine junge Frau zu sehr mit einem anderen Mann flirtet und erklärt ihr: »Glaube ja nicht, dass ich eifersüchtig bin … ich kann nicht eifersüchtig sein, ich kann nicht glauben, dass … ich kann nicht sagen, was ich empfinde, doch es ist entsetzlich. Ich bin nicht eifersüchtig, aber ich bin beleidigt, fühle mich erniedrigt dadurch, dass es sich jemand herausnimmt, mit solchen Augen dich anzusehen.«[3] Zwar ist seine Frau anfänglich verletzt, aber dann tut es ihr leid. Sie spürt seine Unsicherheit, kann ihn verstehen und ist innerlich auch beglückt über die Kraft, die Entschlossenheit seiner Liebe, die sich in der Eifersucht offenbart.

Die heftigen Vorwürfe

Ein solches Geständnis wird der Partner – wenn es nicht zu vorwurfsvoll vorgetragen wird – nicht als Angriff empfinden. Anders ist es, wenn ein Eifersüchtiger versucht, der Partnerin heftige Vorschriften zu machen. Folgendes Beispiel hörte ich vor kurzem: Sie tanzte bei einem Betriebsfest intensiv mit einem Kollegen, er kritisierte sie daraufhin, sie habe ein zu farbenfrohes Kleid an, das nicht zu ihr passen würde. Sie wehrte sich gegen die Kritik, der Abend endete mit einer Verstimmung, so dass sie auf dem Sofa schlief … Wirklich geredet haben die beiden nicht, eine Chance wurde vertan. Er grollte und es war ihm nicht klar, dass er in Wirklichkeit eifersüchtig war. Er gehörte zu jenen Menschen, die große Angst haben, sich lächerlich zu machen und die Eifersucht deshalb verdrängen.

Soll ich meinen Gefühlen vertrauen?

Allerdings besteht oft das Problem, dass der Eifersüchtige seine Gefühle nicht nur verdrängt. Er kann auch deshalb nicht reden, weil er nicht weiß, ob seine Gefühle überhaupt berechtigt sind. Kennen Sie das auch, dass Sie sich sagen: »Mach dich nicht verrückt, da ist nichts. Das bildest du dir nur ein, du übertreibst.« Das hilft aber nur zeitweise, dann geht das Grübeln weiter. Und so wie sich die Regentropfen in einer Tonne ansammeln, ist dann zunehmend ein gewisses Misstrauen vorhanden. Lassen Sie mich das an zwei Beispielen aus der Praxis aufzeigen:

Das Leuchten in seinen Augen

Eine 48-jährige Patientin ist immer dann eifersüchtig, wenn ihr Mann viel von seiner neuen Kollegin erzählt. Das ist an sich nicht beunruhigend, aber früher hat er nie von Kolleginnen berichtet und nun hat er immer ein Leuchten in den Augen, wenn er von der guten Zusammenarbeit schwärmt. Die Patientin meinte: »Es ist einfach so ein komisches Bauchgefühl. Und das hat sich noch verstärkt als ich das mal ansprach. Er wurde rot und hat alles abgeleugnet. Wahrscheinlich ist da wirklich nichts, aber ein wenig verkuckt hat er sich wahrscheinlich doch.«

Eine 40-jährige Patientin meinte nachdenklich, dass sie das Verhalten ihres Mannes misstrauisch mache. Er würde plötzlich abnehmen (was ihm immer schwer fiel), er würde sich neu einkleiden, sich jeden Tag zweimal duschen, sehr auf seine Figur achten und er sei so gut gelaunt. Manchmal habe sie den Eindruck, er würde auf Wolken schweben. »Als ich ihn darauf ansprach, meinte er, er wolle noch einmal durchstarten. Er sei jetzt 50 Jahre alt, das sei die Halbzeit des Lebens. Und ich wäre die große Liebe seines Lebens. Aber ich bin skeptisch … wir haben schon lange nicht mehr miteinander geschlafen, da ist doch die Luft raus aus unserer Beziehung.«

Die Beziehung intensivieren

In beiden Fällen lagen keine Seitensprünge des Partners vor. Doch war die Eifersucht deshalb wirklich ein Fehlalarm? Ich bin überzeugt, dass die leichte Eifersucht selten völlig unberechtigt ist. Sie ist meist ein Warnsignal, das vor allem dann ertönt, wenn es einen zu großen Abstand in der Beziehung gegeben hat. Nun kann es in jeder Beziehung passieren, dass man sich ein wenig auseinanderlebt. Nach Krisen zieht man sich zurück. Man verletzt sich in Gesprächen, ist gekränkt und enttäuscht, was den Rückzug verstärkt. Die Beziehung bekommt den Charme einer Wohngemeinschaft. Wir spüren den anderen nicht mehr richtig und sind beunruhigt. Denn in dieser Phase kann es leicht passieren, dass der aktivere Partner nicht nur Trennungsgedanken verspürt, sondern für Versuchungssituationen offen ist. Das spüren wir und sind eifersüchtig, auch wenn noch nichts passiert ist.

Diese Eifersucht beinhaltet dann immer drei »Aufgaben«:
- Wir zeigen dem Partner, dass wir achtsam sind.
- Wir verteidigen unser Revier und verdeutlichen unsere Eigentumsrechte – würde ein Biologe sagen.
- Und wir müssen wieder in unsere Beziehung investieren, damit das Band der Nähe jene Intensität bekommt, die uns beruhigt.

Im Allgemeinen ist dies sehr einfach. Man braucht dafür Zeit, etwas Phantasie und man muss wissen, auf welche Weise der Partner erreichbar ist. Und man muss realistisch einschätzen, ob es in der letzten Zeit schwerwiegende Konflikte, Meinungsverschiedenheiten und Verstimmungen gegeben hat, die zu einer tieferen Entfremdung geführt haben. Allerdings wäre es oft verfehlt, wenn wir solche Punkte direkt ansprechen, um die vertraute Nähe wieder herzustellen. Dies wäre übereilt. Man würde den Partner nur bedrängen. Schließlich hat er einen gewissen Sicherheitsabstand eingelegt, den wir nicht einfach überwinden können. Deshalb müssen wir zunächst vertrauens-bildende Maßnahmen ergreifen. Gehen Sie also möglichst auf die Wünsche des Partners ein – auch wenn Sie massive Kritik-punkte haben! Meist gibt es ja doch eine positive Basis in der Beziehung, die Sie erhalten wollen. Und nun müssen Sie so handeln wie Diplomaten, die zunächst auch immer auf eine gute Stimmung im Verhältnis zu anderen Staaten achten. Zei-gen Sie also Interesse an seinen Projekten und Gedanken. Und dann planen Sie gemeinsam schöne Erlebnisse, die durchaus mit einer sinnlichen Massage enden können. Vielleicht kommt es dann auch wieder zur Sexualität. Zumindest spürt der Part-ner, dass er geliebt wird, dass seine Bedürfnisse in Erfüllung gehen könnten. »Wir sind uns wieder gut« – sagen dann viele Liebespaare. Und dazu gehört auch, dass man dem Partner An-erkennung gibt, viel Anerkennung. Sicher ist die Anerkennung eine der wichtigsten Brücken zur Nähe. Den Partner gekonnt zu loben, seine positiven Eigenschaften hervorzuheben ist eine der schönsten Möglichkeiten, um wieder Nähe herzustellen. Lob macht wehrlos – las ich kürzlich. Deshalb können wir mit einem schlichten Lob viele schwierige Situationen meistern und Nähe herstellen. Und dann wird es auch viel leichter sein, offen über die Kritikpunkte zu sprechen. Sigmund Freud hat dies als Ambivalenzfähigkeit bezeichnet: die kritischen Punkte sehen und trotzdem die positiven Eigenschaften würdigen zu können – das ist das Geheimnis vieler guter Partnerschaften.

Einen Liebesbrief schreiben

Wenn wir mutig sind, schreiben wir dem Partner vielleicht auch einen Liebesbrief. Das muss keine romantische Gefühls-bekundung sein, das würde auch nicht passen, solange die Konflikte nicht vollständig geklärt sind. Und nach zehn oder zwanzig Jahren glaubt uns der Partner diese Gefühlsaufwal-lungen ohnehin nicht mehr. Vielmehr könnten wir ihm schrei-ben: »Lieber Paul, wir sind nun schon seit sechs Jahren zusammen, es war nicht immer leicht, aber noch immer freue ich mich, wenn wir zusammen etwas unternehmen. Ich rede so gern mit dir, ich schmiege mich so gern an dich an, wenn wir schlafen gehen. Und mir gefällt diese humorvoll-ironische Art, mit der du Menschen beschreibst – auch dich selbst. Ich freue mich, dass wir bisher alle Krisen gemeistert haben und ich bin mir sicher, dass wir einen guten Weg für unsere Beziehung finden. Und das ist mir wichtig. Denn wenn ich nachts aufwache, weil du so leise schnarchst, dann fühle ich, dass ich dich liebe ... Deine Karin.«

Wenn Sie einen solchen Liebesbrief schreiben, können Sie sicher sein: dieser Brief geht ihm nicht aus dem Kopf. Und Sie können überzeugt sein: zwischen Ihnen und Ihrem Mann passt dann kein Stück Papier mehr. Der Eifersucht wird so jeglicher Nährboden entzogen.

Nun haben viele selbstbewusste Frauen heute glücklicherweise gelernt, in der Beziehung Ansprüche zu stellen. Sie kritisieren den Partner, wenn er in der Küche zu wenig hilft, sich an der Kindererziehung nicht genügend beteiligt, kaum zärtlich ist und zu wenig redet, wenn es Konflikte gibt. Doch viele Frauen werden dann feststellen, dass der Ehemann uneinsichtig ist und mauert, wenn er kritisiert wird. Und oftmals wendet er sich dann sogar stärker anderen Frauen zu, um dort die ersehnte Anerkennung zu erhalten. »Warum macht er das?«, fragte mich eine 45-jährige Angestellte. Ihr Mann hatte die Angewohnheit, dass er vor allem dann allen Nachbarinnen im Haus half, wenn sie mit ihm unzufrieden war. Er reparierte nun fremde Steckdosen, brachte Waschmaschinen wieder in Gang und holte sich damit jene Anerkennung, die er zuhause vermisste. Und seine Frau hatte immer Angst, dass er sich für eine andere Partnerin entscheiden könnte. Sie war ziemlich eifersüchtig auf die Nachbarinnen, die ihren Mann so anhimmelten und ich riet ihr – trotz aller berechtigten Vorbehalte – ihren Mann gelegentlich stärker zu loben.

Was kann der Partner tun

Nun ist es aber nicht nur Ihre Aufgabe mehr Nähe herzustellen. Auch der Partner muss dazu bereit sein. Und er muss sich so verhalten, dass er keine Eifersuchtsgefühle auslöst. Und deshalb müssen Sie sich fragen: Sind Sie wirklich überempfindlich oder trägt der Partner zur Eifersucht bei? Flirtet er vielleicht etwas zu stark oder hält er sich manchmal so zurück, dass das Band der Nähe kaputt gegangen ist? Eine Patientin erzählte mir: »Ich bin immer eifersüchtig, wenn mein Partner zu viele Geheimnisse hat. Ich bin mit einem Mann zusammen, der häufig sagt, er habe noch was vor. Er sagt aber nicht, was. Er macht es spannend. Und er schaut anderen Frauen hinterher. Das ist ganz offensichtlich. Ich weiß nie, woran ich bin. Ich habe manchmal so eine Unsicherheit und frage mich innerlich: mal sehen, ob du Weihnachten und Silvester mit ihm verbringst.«

Zur Bewältigung der Eifersucht wäre es deshalb wichtig, dass ihr Partner genügend Verbindlichkeit herstellt, Ihnen ausreichend Anerkennung gibt und Ihnen zeigt, dass er gern mit Ihnen zusammen ist.

Was kann man selbst tun

Allerdings ist es nicht sinnvoll, dass wir bei der Eifersucht zu sehr auf einen Beitrag des Partners schauen. Bei der Eifersucht ist man ohnehin viel zu sehr mit dem Partner beschäftigt. Also beginnen Sie am besten bei sich selbst. Nun meinte Max Frisch, die Eifersucht sei Angst vor dem Vergleich. Vergleichen Sie sich auch mit anderen Frauen und kommen zu dem Ergebnis, dass diese klüger, attraktiver und schöner sind? Deshalb frage ich Sie: Ihr Mann ist doch schon seit vielen Jahren mit Ihnen zusammen. Was also fasziniert ihn an Ihrer Person? Vielleicht fragen Sie ihn? Ich bin immer wieder verwundert, wie wenig die meisten Menschen ihre eigenen Vorzüge kennen. Sie können stundenlang darüber reden, was Sie falsch machen, warum sie sich minderwertig fühlen. Doch was an ihnen wunderbar, einzigartig und liebenswert ist, erzählen sie nicht. Doch dies Selbstbewusstsein ist die Voraussetzung zu einem souveränen Umgang mit der Eifersucht.

Einen besseren findet sie nicht

Ich habe immer einen guten Freund bewundert, der nur eine sehr geringe Neigung zur Eifersucht hat. Er kann schon eifersüchtig werden, wenn seine Partnerin zu sehr mit anderen flirtet. Aber ansonsten ist er immer recht vernünftig. Es stört ihn nicht, dass sie allein tanzen geht. Er hat Knieprobleme, so dass er lieber mit dem Rad fährt und im See schwimmt. Und er spürt, dass es ihr gut tut, wenn sie allein etwas mit anderen unternimmt. Er sagte mir einmal: »Ich bin intelligent, hilfsbereit und sehe halbwegs gut aus – im Vergleich zu anderen. Ich glaube, dass es mit mir nicht langweilig ist. Und dass ich ein ziemlich verträglicher Mensch bin. Einen besseren Partner bekommt meine Freundin nicht. Sie wäre schon ziemlich »dumm«, wenn sie sich von mir trennen würde, ich kann mir das nicht vorstellen.« Das klingt vielleicht etwas überheblich, aber ich musste dem Freund bei seiner Selbsteinschätzung zustimmen. Und vor allem: er war nicht eifersüchtig – auch wenn seine Frau viele interessante Männer traf und mit ihnen befreundet war. Sie war ihm dankbar dafür, dass er ihr eine so große Freiheit ließ.

Wie werden Sie selbstbewusst?

Wie können Sie also selbstbewusster werden? Die meisten Menschen sind doch in der Kindheit eher kritisiert worden, positive Leistungen wurden nicht erwähnt, gute Noten verstanden sich von selbst. Deshalb mache ich Ihnen einen Vorschlag. Schreiben Sie Ihren Freundinnen und Freunden einen Brief:

»Liebe …

Wahrscheinlich geht es mir so wie den meisten Menschen. Ich finde mich ganz akzeptabel, aber gelegentlich bin ich unsicher, bin unruhig und ich war immer sehr erstaunt, wenn sich ein Mann in mich verliebt hat. Immer habe ich gedacht: wenn der mich erst einmal richtig kennenlernt … Und dann war ich natürlich eifersüchtig. Insgesamt glaubte ich immer, er könnte eine Bessere kriegen … Dies Gefühl würde ich gern überwinden und bin auf deine Mithilfe angewiesen. Deshalb meine Frage: Was sind die drei positiven Eigenschaften, die dir an mir auffallen? Ich wäre sehr froh, wenn du diese etwas ausführlicher beschreiben könntest. Bitte schriftlich, damit ich in meinen dunklen Stunden wieder draufschauen kann … Ganz herzlich dankt deine …«

Meine Patientinnen sind immer wieder sehr angerührt, wenn sie darauf die Antworten bekommen. Ihr Selbstbewusstsein steigt, wenn sie sich mit dem Blick der Freundinnen sehen. Und es ist tatsächlich so: Was an uns besonders ist, können uns nur andere Menschen sagen. Denn das Besondere ist das, was uns von anderen Menschen unterscheidet. Doch dazu muss man viele andere Menschen kennen und vergleichen. Dann weiß man, was das Einzigartige an uns ist. Und das sehen die Partner, aber auch unsere Freunde immer genauer als wir selbst.

Die Auslöser der Eifersucht

Nun kennen wir alle die klassischen Auslöser der Eifersucht: Sie tanzt wild mit einem fremden Mann, während er angespannt am Rande der Tanzfläche steht und innerlich kocht. Oder er schaut im Restaurant immer wieder zu der gutaussehenden Frau hinüber, die gerade gekommen ist. Doch die häufigsten Eifersuchtssituationen sind die Kinder, die Arbeit und die Hobbys.

Bereits in der Schwangerschaft sind viele Männer eifersüchtig. Sie spüren, dass sich das Interesse der künftigen Mutter nun stärker auf jenes Leben konzentriert, das sie in sich trägt. Ein Mann beschwerte sich einmal bei mir: »Meine Frau wirkte auf mich damals fast autonom. Früher war sie anhänglich, jetzt strahlte sie von innen, manchmal nannte ich sie: meine Madonna. Ich spürte, dass sie jetzt in ihrer Welt lebte, mich nicht mehr so stark brauchte … und ich wurde schon eifersüchtig und fragte mich, hältst du das durch?« Und schließlich ging er fremd, was die Beziehung an den Rand des Scheiterns brachte.

Eifersucht auf die Kinder

Nun verändern Kinder gravierend die Beziehung zwischen den Partnern, und gelegentlich ist etwas Eifersucht sehr verständlich. Ich entsinne mich, dass meine Tochter am Abendbrottisch oft nur meine Partnerin ansprach, ich fühlte mich häufig wie ein Gast. Und wenn ich dann doch zu Wort kam, wurde ich unterbrochen. Es war zwar meine Ziehtochter, insofern war die Problematik noch gravierender als in ›normalen‹ Familien. Aber dadurch kenne ich jene Eifersucht, die durch Kinder ausgelöst wird. Denn meine Ziehtochter hatte eine Grundregel: Wenn sie sprach, hatten alle anderen Sendepause … Und sie sprach natürlich eher mit ihrer Mutter. Das ist typisch für viele Familien, und so sagt auch Balzac: Junge Ehemänner sind früher oder später auf die Liebe eifersüchtig, die eine Mutter für ihre Tochter hegt. Das fängt meist schon kurz nach der Geburt an. Manche Männer sind dann so eifersüchtig, dass sie sich nach Aussagen der Ehefrauen wie ein Kleinkind verhalten. Aber verständlich ist diese Eifersucht schon. Die Männer müssen nun täglich mit ansehen, dass die kleinen Geschöpfe unendlich viel Aufmerksamkeit, Zuwendung und

Zärtlichkeit bekommen. Für die Ehemänner bleibt dann weder viel Zeit, noch viel Kraft oder gar Leidenschaft. Vor allem die Erotik bleibt nach durchwachten Nächten meist auf der Strecke. Der Mann müsste nun die Ehefrau entlasten und ihr bei der Kindererziehung helfen. Die Problematik der Kindererziehung liegt im Wesentlichen noch immer auf den Schultern der Frauen. Und oft erleben sie dann ihren quengelnden Partner als zusätzliche Belastung und fühlen sich bedrängt.

Die Eifersucht auf die Mütter

Schwierig an dem Verhalten der Männer ist es meist, dass sie mit Stimmungsschwankungen agieren und ihre Eifersucht nicht ansprechen. Stattdessen kritisieren sie gern die Erziehungsmethoden der Ehefrau: »Du verwöhnst den Kleinen zu sehr, das ist eine Affenliebe.« Dann brennt natürlich in der Ehe die Luft. Sie gibt sich so viel Mühe in der Erziehung, dass sie seine Kritik empört zurückweist. Kinder sind für eine Mutter meist das Wichtigste im Leben, noch wichtiger als der Ehemann. Sie sind bereit, dem alles unterzuordnen. Denn die Kinder sind ihr »Fleisch und Blut«, ein Teil ihres eigenen Lebens. Und wenn die Kinder sehr krank sind, höre ich nicht selten von Müttern, dass sie sagen: »Die Kinder sind mir wichtiger als ich selbst«. Wenn die Väter die Erziehungsmethoden kritisieren, sägen sie an den Fundamenten der Liebe. Der Ehefrau fällt es dann sehr schwer, ihren Mann zu verstehen, denn sie ahnt nicht, aus welcher emotionalen Quelle sein Unmut kommt. Oft weiß er es selbst nicht. Denn im Allgemeinen haben diese Männer keinen Zugang zu ihren Eifersuchtsgefühlen. Und so gibt es massive Streitigkeiten, die Entfremdung nimmt ihren Lauf, die Gefahr besteht, dass sich der Vater zuhause oft wie ein Gast fühlt und eifersüchtig ist.

Die Eifersucht auf die Väter

Doch dies enge Bündnis zwischen Mutter und Kind ist nicht naturgegeben. Es ist durchaus möglich, dass sich auch zwischen dem kleinen Mädchen bzw. dem Jungen und dem Vater eine enge emotionale Bindung ergibt. Und diese Bindung wird umso stärker und intensiver werden, wenn sich die Ehepartner etwas entfremdet haben. Das kann tragische Folgen haben, wenn das hübsche Mädchen schließlich in die Pubertät kommt. Mitunter gibt es dann eine so enge Bindung zwischen dem Vater und der attraktiven Tochter, dass man fast an ein ungleiches Liebespaar denkt. Denn oft ist jene Vater-Tochter-Bindung so zärtlich und vertrauensvoll, dass sie manchmal fast wie eine Partnerschaft wirkt. Und das kann natürlich zum Problem werden, wenn das Band der Nähe zwischen den Partnern längst zerrissen ist. Die Ehefrau wird dann natürlich eifersüchtig und es beginnt ein Kampf zwischen Mutter und Tochter, der immer die Frage beinhaltet: Wer hat die bessere Beziehung zum Vater? Wie häufig solche Kämpfe sind, zeigen die Märchen. Lesen Sie noch einmal Schneewittchen, dann wird Ihnen deutlich, wie mörderisch die Eifersuchtsgefühle einer Ehefrau sein können. Denn es geht bei Schneewittchen natürlich nicht um eine Stiefmutter. Vielmehr beschreibt das Märchen den Kampf zwischen der eifersüchtigen Mutter und der aufregend hübschen Tochter.

Die Eifersucht auf die Interessen des Partners

Die Eifersucht beinhaltet fast immer den Wunsch nach ausschließlicher Zuwendung. Deshalb kann man auf alles eifersüchtig sein, was die Aufmerksamkeit des Partners in Anspruch nimmt. Insofern kann man auch auf die Interessen und den Beruf des Partners eifersüchtig sein. Man kann sogar darauf eifersüchtig sein, dass der Partner morgens die Zeitung liest. Deshalb sagt Pauline in dem Roman »Die tödlichen

Wünsche«: »… Ich bin auf die Zeitung eifersüchtig … das ist doch ein Verrat … in meiner Gegenwart russische Proklamationen zu lesen und die Prosa des Kaisers Nikolaus den Worten und Blicken der Liebe vorzuziehen.« Das mag kleinlich wirken, aber diese Eifersucht spüren wir meist dann, wenn unsere Liebe etwas zu erkalten beginnt. Wir fühlen uns zu kurz gekommen und sind auf alles eifersüchtig, was die Aufmerksamkeit des Partners fesselt. So ist überliefert, dass Heinrich Heine dermaßen eifersüchtig auf den Papagei seiner Frau war, dass er ihn schließlich vergiftete.

Die Eifersucht auf die Arbeit

Der wichtigste Eifersuchtsauslöser ist natürlich die Arbeit. Und inzwischen sind nicht nur die Frauen, sondern auch die Männer eifersüchtig auf die Arbeit der Frauen … So schilderte mir eine Patientin, ihr Mann habe oft gesagt: »Du bist ja mit der Firma verheiratet.« Tatsächlich ist die Arbeit oft eine Geliebte, die viel Kraft und Gedanken und Zeit bindet. Und diese Arbeit ist dann ein wichtiger emotionaler Rückzugsort. Wenn wir uns zuhause nicht mehr wohl fühlen, bleiben wir länger bei der Arbeit und ziehen uns zurück. Dort bekommen wir jene Anerkennung, die wir zuhause vermissen. Wie schwierig dann die Lösung einer solchen Eifersuchtsproblematik sein kann, schildert Balzac in seinem Roman »Der Alchimist«. Dort beschreibt er eine verzweifelte Frau, die eifersüchtig auf die Wissenschaft ihres Mannes ist. Er liebte sie, obgleich sie sich als hässlich empfand. Doch als sie ihr jüngstes Kind austrug, zog er sich zurück. Sie musste mit ansehen, dass er sich nur noch um wissenschaftliche Apparaturen und Experimente kümmerte und begriff, dass die Wissenschaft ihre Rivalin war. »Die Qualen der Eifersucht zehrten an ihrem Herzen … Aber was ließ sich gegen die Wissenschaft tun? Wie sollte man ihre immerwährende tyrannische und stets wachsende Macht brechen?«[4] Doch wie sollte sie reagieren?

Mit einer Nebenbuhlerin hätte sie kämpfen können, doch gegenüber der Wissenschaft fühlte sie sich machtlos. Sie wollte in sein Reich eindringen, doch er fühlte sich gestört. Schließlich kränkelte sie und erklärte ihrem Mann auf dem Sterbebett, dass ihre Krankheit in dem Moment anfing, als er der Wissenschaft mehr angehörte als der Familie.

Macht Eifersucht blind?

Nun ist diese Eifersuchtsgeschichte wirklich dramatisch. Die Frau ist deshalb so eifersüchtig, weil sie davon überzeugt ist, nicht schön zu sein. Das ist ihre Achillesferse, ihre verwundbare Seite. Hätte sie doch nur verstanden, warum sich ihr Mann zurückzog! Ich bin überzeugt, dass jede Ehe auflebt, wenn eine Frau wieder um ihren Mann wirbt. Erst wenn der Rückzug des Mannes länger als zwei Jahre anhält, kann es mitunter sehr schwierig sein, ihn zu erreichen. Er hat sich dann innerlich bereits so weit entfernt, hat seine neue innere Unabhängigkeit gefunden, hat sich mit der mangelnden Nähe in der Ehe arrangiert und empfindet jeden Versuch einer Klärung als Ruhestörung.

Tragisch ist natürlich die Tatsache, dass diese Ehefrau das Nächstliegende nicht sehen kann. Sie begreift nicht, dass auch ihr Mann eifersüchtig auf das Neugeborene war. Natürlich stellt sich die Frage: Weshalb hat sie ihren Mann nicht gefragt: »Warum hast du dich nach der Geburt des Kindes zurückgezogen?« Offenbar fühlte er sich überflüssig, war eifersüchtig und wandte sich stärker der Wissenschaft zu. Doch diese Ehefrau war zu einem solchen Gespräch nicht in der Lage. Zu schnell fühlte sie sich vom Rückzug ihres Mannes bedroht, weil sie selbst massive Minderwertigkeitsgefühle hatte.

Diesen Rückzug der Männer gibt es oft. Sie ziehen sich in den Hobbykeller zurück, hinter den Computer. Anstatt mit der Ehefrau zu reden und ihr im Haushalt zu helfen, sitzen viele Männer vor dem Bildschirm und können sich stundenlang auf ein Strategiespiel konzentrieren. Irgendwann reagieren dann auch die sanftmütigsten Ehefrauen sehr wütend und fragen: Bist du mit dem Computer verheiratet oder mit mir?

Die ungeschickte Eifersucht

Nun ist es nicht leicht, immer konstruktiv zu reagieren, wenn man eifersüchtig ist. Die Eifersucht ist doch meist ein Affekt, der uns nie ganz geschickt reagieren lässt. Oft sind wir dermaßen angesäuert, fühlen uns so sehr als die Nummer »Zwei«, dass wir nicht mehr freundlich und werbend reagieren können. Natürlich wissen wir selbst, dass es besser wäre, wenn wir unserem Ehemann sagen könnten: »Du bist so attraktiv, ich habe so Sehnsucht nach dir, ich würde dich gern streicheln, verführen, mach doch bitte den Computer aus.« So ähnlich haben Sie früher vielleicht geworben, als die Beziehung noch harmonischer war. Doch auch dies hatte manchmal keinen Erfolg und jetzt machen Sie spitze Bemerkungen. Die Stimmung ist gereizt, nun gibt es nur noch im Urlaub Sexualität. Jetzt spüren wir die Doppelbedeutung der Eifersucht. Sie ist wie ein Stachel, sie enthält eine starke Sehnsucht nach Liebe und Verbundenheit, gleichzeitig ist sie ein Aufbegehren, weil die bisherigen Liebesstrategien nicht funktionieren. »Hilfe – du bist so schwierig!« – würden die meisten Frauen am liebsten ihren Ehemännern vermitteln.

Nach der Liebesphase – die ein bis zwei Jahre anhält – befinden Sie sich nun in der Streitphase. Viele Bemühungen um Liebe hatten keinen Erfolg und Sie fangen an, sich zu beschweren. Das mag nicht immer geschickt sein. Aber positiv daran ist doch, dass das ursprüngliche Begehren dabei noch lebendig ist. Schwieriger ist es, wenn in einer Partnerschaft buchstäblich eine Friedhofsruhe einkehrt. Wenn keiner mehr etwas sagt, keiner aufbegehrt. Dann hat eine Liebesbeziehung den Charme eines Sanatoriums, aus dem meist einer ausbricht und einen Seitensprung begeht.

Eifersucht auf die Freunde

Allerdings sind wir nicht nur auf die Arbeit des Partners eifersüchtig und auf seine enge Bindung an die Tochter. Auch auf enge Freundschaften kann man durchaus eifersüchtig sein. Natürlich wissen wir alle, dass Freundschaften eine Bereicherung für eine Partnerschaft sind. Sie entlasten eine Partnerschaft von zu großen Erwartungen und haben eine stabilisierende Wirkung. Aber wir müssen doch am Beginn einer Beziehung verarbeiten, dass der Partner enge Freunde hat, die er schon viele Jahre kennt. Wir selbst kennen unseren Partner vielleicht erst seit zwei oder drei Monaten. Als er uns seine Freunde vorstellt, spüren wir, wie intensiv die Umarmungen (ein Küsschen links, ein Küsschen rechts) und wie vertraut die Gespräche sind. Sie sind natürlich manchmal viel vertrauter als der noch vorsichtige Austausch in unserer neuen Liebesbeziehung. Wir registrieren, dass unser Partner dort viele Gefühle investiert hat, dass manche Innigkeit entstanden ist, die wir uns noch erarbeiten müssen. Ein spontanes Gefühl der Eifersucht ist dann nahe liegend, auch wenn man sich sagt: Ich habe ihn nachts, ich schlafe mit ihm, er liebt mich. Aber es ist doch eine Realität, dass dieser Mann mit seinen Freunden und Freundinnen eine vertraute Welt teilt, die wir uns noch erobern müssen. Tatsache ist auch, dass manche Freundschaft stabiler ist als Partnerschaften. Männer kommen und gehen, unsere Freundschaft bleibt bestehen – heißt es oft. Und so telefonieren viele Frauen mindestens einmal in der Woche mit der besten Freundin. Diese erfährt alles: über die Kinder, Träume, die Liebe und neue Kleider.

Und noch schwieriger ist natürlich die Beziehung zur Exfrau. Inzwischen steigt fast von Jahr zu Jahr der Anteil jener Paare, die sich trennen und hinterher noch befreundet sind. Während der Studentenbewegung waren es nur wenige Paare, die hinterher eine Freundschaft begannen. Doch heute werden wir immer toleranter, wir akzeptieren die Lebensabschnittspartnerschaft und auch wegen der Kinder bemühen wir uns, halbwegs vernünftig miteinander umzugehen.

Soll man alles mitteilen?

Meist haben wir nicht nur eine enge Partnerschaft. Häufig leben wir in einem intensiven Beziehungsnetz und investieren viele Gefühle in diesen Freundeskreis. Ist da nicht Eifersucht vorprogrammiert? Und es stellt sich natürlich die Frage: Soll man dem Partner sagen, mit wem man sich trifft? Grundsätzlich plädiere ich hierbei für eine große Offenheit. Wenn wir etwas heimlich tun, besteht doch die Gefahr, dass sich der Partner hintergangen fühlt oder dass wir selbst immer das Gefühl haben, letztlich etwas Verbotenes zu tun. Allerdings sind Geheimnisse in einer Partnerschaft durchaus wichtig. Wir müssen dem Partner nicht alle Phantasien, nicht alle Situationen und Gefühle mitteilen. Im Gegenteil: Wenn wir alles berichten, würde sich jeder von uns abwenden. Dies jedenfalls ist die Erkenntnis des Philosophen Lichtenberg.

Soll man alles sagen?

Wie würden Sie handeln, wenn Sie mit einem eifersüchtigen Mann zusammenwohnen? Eine meiner Patientinnen lebte mit einem sehr eifersüchtigen Mann zusammen. Sie fühlte sich durchaus wohl mit ihm, konnte aber nicht alles mit ihm besprechen. Er war ein typischer Mann, mit dem sie nicht unbedingt über Gefühle reden konnte. Also traf sie sich einmal in der Woche mit einem Sozialarbeiter zu einer »Redekur« – wie sie es in Anspielung an Sigmund Freud nannte. Er war nicht ihr Typ, sie hatte nie das Bedürfnis, ihn zu küssen oder mit ihm zu schlafen. Aber sie genoss es, wenn sie mit ihm ihre Eheprobleme besprach und über all ihre Gefühle sprechen konnte. Doch diese Treffen verheimlichte sie.

Am Beginn der Ehe hatte sie durchaus probiert, ihrem Mann etwas über diese Beziehung zu erzählen. Aber er hatte so eifersüchtig reagiert (»Alle Männer wollen immer Frauen ins Bett holen«), dass sie schließlich darauf verzichtete.

Die Eifersucht auf die Schwiegereltern

Es gibt natürlich noch viele andere Auslöser für Eifersuchtsgefühle: Wir können auf vergangene Liebesbeziehungen des Partners eifersüchtig sein oder auf die Schwiegereltern, die oft noch einen großen Einfluss auf ihren Sohn haben. Aber die Auslöser der Eifersucht haben Sie wahrscheinlich ohnehin verstanden? Es geht immer darum, dass ich meine besondere Position als Partnerin bedroht fühle.

Nun war Sigmund Freud der Ansicht, die Wiederholung sei die Mutter des Lernens. Lassen Sie mich daher noch einmal die bisher gewonnenen Erkenntnisse zusammenfassen:

- Wir sollten den Mut haben, unsere Eifersuchtsgefühle mitzuteilen.
- Wir sollten uns aber bemühen, dem Partner nicht zu viele Vorwürfe zu machen.
- Wenn der Partner sehr eifersüchtig ist, ist manchmal ein Schweigen sinnvoller.
- Wir sollten uns bemühen, das Band der Nähe wieder herzustellen.
- Und es ist wichtig, dass wir selbstbewusster werden.

Um diese Erkenntnisse zu vertiefen, wenden wir uns jetzt der mittleren Eifersucht zu.

Ein bisschen Eifersucht ist das Salz in der Suppe.
Aber man kann bekanntlich eine Suppe auch versalzen.

Alberto Sordi

Die mittlere Eifersucht

Bei dieser Eifersucht ist das Gefühl der Besorgnis ständig vorhanden. Es wird bereits bei kleinen Situationen ausgelöst:

- Jede Einladung wird zu einem großen Problem, wenn sie mit einem anderen tanzt ...
- Der Partner darf nie seinen Blick schweifen lassen, weil dies bereits so interpretiert wird, als wäre etwas passiert.

Und nun beginnt oft eine »Kaffeesatzleserei«, alles wird in Richtung Seitensprung interpretiert: Bringt er Blumen mit, hat er ein schlechtes Gewissen. Bringt er keine mit, ist seine Liebe erkaltet. Kurzum: man macht sich verrückt.

Diese mittlere Eifersucht kennt fast jeder. Selbst viele prominente Menschen litten unter diesem Dämon. Der 17-jährige Goethe war rasend eifersüchtig, nachdem er sich in Leipzig in Kätchen Schönkopf verliebte. Auch Theodor Fontane wurde von heftigen Eifersuchtsgefühlen geplagt. Wegen finanzieller Schwierigkeiten konnte er erst fünf Jahre nach seiner Verlobung heiraten und schrieb über diese Wartezeit: er habe den »Höllensoff brennender, verzweifelnder Eifersucht gekostet«. Und sogar Sigmund Freud war in seiner Verlobungszeit so eifersüchtig, dass er an Martha schrieb: »... wenn ich die Macht besäße, die ganze Welt, uns einbegriffen, zu zertrümmern, um sie von neuem spielen zu lassen, auf die Gefahr hin, dass sie nicht wieder mich und Martha hervorbringt, ich täte es unbedenklich.«[5]

Die massive Unsicherheit

Doch was ist die Ursache dieser Eifersuchtsdramatik? Der Schriftsteller Balzac gibt in dem Roman »Der Ehekontrakt« einen wichtigen Hinweis. Dort führt er aus, Eifersucht sei Zweifel, Furcht und Schwäche. Tatsächlich lässt sich die Eifersucht nur verstehen, wenn wir sie als das Ergebnis großer Selbstzweifel verstehen. Das Selbstwertgefühl eines eifersüchtigen Menschen ist sehr gering. Mich erstaunt es immer wieder: Obgleich eifersüchtige Frauen oft attraktiv, gebildet und liebenswürdig sind, leiden sie unter großen Minderwertigkeitsgefühlen. Inzwischen wurde dieser Zusammenhang sogar wissenschaftlich bestätigt. Psychologen fanden bei einer Befragung von 6482 amerikanischen Männern und Frauen heraus, dass vor allem das niedrige Selbstwertgefühl zur Eifersucht beiträgt. Oft ist dies den Eifersüchtigen durchaus bewusst. Eine meiner Patientinnen berichtete: »Ich bin nur eifersüchtig, wenn ich mit mir unzufrieden bin. Dann vergleiche ich mich stärker und finde andere Frauen hübscher, intelligenter. Und netter. Und die mache ich dann schlecht. Und ich frage manchmal meinen Partner: Wie findest du die ... Und wehe er sagt, er fände sie attraktiv. Dann denke ich sofort: Er findet sie attraktiver als mich. Ich frage mich an solchen Tagen immer, warum er bei mir bleibt.«

Die drei großen Zweifel

Nun ahnen wir, dass die Selbstzweifel eifersüchtiger Menschen sehr übertrieben sind. Doch wer unter der ständigen Eifersucht leidet, kennt sehr konkrete Gründe, warum er sich infrage stellt. Er kann sich vor allem in drei Bereichen kaum akzeptieren:
- der Bildung
- dem Aussehen
- der Ausstrahlung

Das heutige Wissen ist so umfangreich, dass sich jeder zu Recht als dumm empfinden kann. Meist haben wir doch nur kleine Wissens-Inseln im Ozean des Nicht-Wissens. Mit dieser Tatsache gehen selbstbewusste Menschen durchaus selbstverständlich um. Sie stellen Fragen, wo sie etwas nicht verstanden haben und müssen nicht etwas darstellen, was sie nicht sind. Doch viele Menschen schämen sich unendlich dafür, dass man sie für dumm halten könnte. Ihnen wurde meist schon in der Kindheit vermittelt, dass sie keinen Grund haben, auf sich stolz zu sein. Wobei ich eines immer als sehr tragisch empfinde: Das Gefühl der eigenen Dummheit regt uns nicht dazu an, neugierig durch die Welt zu gehen und viel lernen zu wollen. Vielmehr werden wir ungern mit den eigenen Wissenslücken konfrontiert, die man als Lernender unaufhörlich spürt.

Noch heutzutage ist das eigene Aussehen für Frauen wichtiger als für Männer. Männer sind häufig selbstbewusst, auch wenn sie einen Bauch haben und kaum noch Haare besitzen. Sartre, der junge Frauen für sich begeistern konnte, war keineswegs schön. Er war klein, hatte eine furchtbare Aussprache und sehr hervorstehende Augen. Doch für Frauen spielt die eigene Schönheit oft eine große Rolle. Nun bin ich allerdings davon überzeugt, dass man nicht schön sein muss, um geliebt zu werden. Die leidenschaftliche Rosa Luxemburg wurde sehr umschwärmt, obgleich sie unter einem erheblichen Hüftschaden litt. Es kommt nach meiner Erfahrung in der Liebe mehr auf die Ausstrahlung, weniger auf das Aussehen an. Doch eifersüchtige Menschen empfinden sich eher als unansehnlich. Ich bin oft erschrocken, dass auch sehr hübsche Frauen nur ihre Fehler sehen. Sie haben ein fast makelloses Gesicht, aber sie monieren ihre beginnende Orangenhaut. Sie registrieren genau, dass hier ein Fältchen größer wird, dort ein weiteres entsteht, beobachten aufmerksam ihren Alterungsprozess. Es mangelt ihnen an Großzügigkeit.

Die übertriebenen Perfektionsvorstellungen

Und nun wird es dramatisch, denn sowohl unsere Meinung über unser Aussehen als auch über unsere Intelligenz beeinflusst massiv unser Auftreten in der Öffentlichkeit. Meist sind wir unsicher, haben aber zugleich eine sehr genaue Vorstellung, wie wir gern auftreten würden. Einer meiner Patienten verglich sich früher immer mit James Bond. Er wollte so souverän auf Frauen zugehen, so cool und männlich. Aber in Wirklichkeit fing er immer an zu stottern, wenn er auf Frauen zuging. Er war ein netter Kerl, die Frauen mochten ihn, aber sicher wurde er erst, wenn er in einer festen Beziehung lebte.

Meist haben wir also Perfektionsvorstellungen, mit denen wir uns entwerten. Das ist tragisch. Auch wenn wir fleißig und hilfsbereit und erfolgreich sind, sehen wir immer nur das Negative. Und das ist der Boden, auf dem die Eifersucht gedeiht.

Die negative Selbstbewertung eifersüchtiger Menschen ist meist dermaßen massiv, sie ist so automatisiert, dass es nicht ausreicht, sie kräftig zu loben. Sie müssen selbst beginnen, sich konstruktiver zu bewerten. Deshalb gebe ich oft eifersüchtigen Patienten eine Aufgabe: Sie sollten eine Rede auf sich selbst zu ihrem – noch in weiter Ferne liegenden – »80-jährigen Geburtstag« schreiben. Sie sollten sich also vorstellen, dass sie auf ihr Leben zurückblicken und dann zum Ergebnis kommen: Es war nicht einfach, es war oft sogar ziemlich schwierig, manches habe ich nicht erreicht. Aber trotzdem ist das Ergebnis überwältigend. Trotz schlechter Bedingungen habe ich viel aus meinem Leben gemacht.

Sicher würde es Ihnen sehr schwer fallen, eine solche Rede zu schreiben. Auch meine Patienten zögern zunächst und »liefern« mir eine solche Rede meist erst nach mehreren Wochen ab. Doch eine solche positive Selbsteinschätzung des Lebens ist extrem wichtig, damit wir jene Selbstverkleinerung überwinden, an die wir uns gewöhnt haben. Allerdings reicht manchmal eine solche Neubewertung des Lebens nicht aus. Zu leise ist die positive innere Stimme, man spürt die eigenen Vorzüge nicht, kann sie nicht richtig bewerten. Dann ist es oft wichtig, dass man zunächst den Partner und gute Freunde bittet, dass sie uns die drei positiven Eigenschaften beschreiben. Ich habe diesen Vorschlag bereits bei der Darstellung der leichten Eifersucht gemacht und will diesen Gedanken noch vertiefen. Seit vielen Jahren mache ich die Erfahrung, dass dann oft anrührende Briefe kommen. Kleine Situationen werden ausführlich angesprochen. Persönliche Eigenschaften und Fähigkeiten werden bildhaft gelobt. Doch wie würden Sie mit dieser geballten Anerkennung umgehen? Wären Sie nicht auch skeptisch? Schließlich ist diese Anerkennung eine »Auftragsarbeit«, so dass man sie leicht abwerten kann. Wichtig ist es daher, dass wir lernen gelobt zu werden. Ich hatte früher selbst die Angewohnheit, dass ich jedes Lob mit dem Hinweis erstickte, dass ich ziemliche Fehler aufweisen würde. Anschließend ärgerte ich mich oft, dass ich die seltenen Momente des Lobes dadurch beendet hatte. Deshalb habe ich mir inzwischen angewöhnt, dass ich mir jede Anerkennung ruhig anhöre und den Lobenden frage, ob er mir dies nicht noch ausführlicher erklären kann. Das könnte auch Ihnen helfen, dass Sie sich mit einem wohlwollenden, mitunter sogar humorvollen Blick sehen lernen.

Die Kritik in der Kindheit

Doch meist fällt es uns sehr schwer, uns positiv zu betrachten. Zu massiv wirken die Stimmen der Kindheit in uns fort. Das Selbstbewusstsein entsteht durch die Anerkennung, die Beachtung und Wertschätzung der Eltern. Wir müssen als Kinder zunächst sehr viel Lob bekommen, sehr viel Wertschätzung erfahren, damit wir später selbstbewusst sind. Wir müssen das Leuchten in den Augen der Eltern sehen, damit wir als Erwachsene über ein ausreichendes Selbstbewusstsein verfügen. Erinnern Sie sich noch an die eigene Kindheit? Eifersüchtige Menschen haben oft erlebt, dass sie kritisiert wurden, dass gute Leistungen selbstverständlich waren. Sicher kennen Sie das auch: Wenn Sie mit der Note »Zwei« nach Hause kamen, wurde vom Vater nur knapp kommentiert: warum war es nicht eine »Eins«? In solchen Kommentaren liegt eine tiefe Problematik: Es wird viel erwartet, gleichzeitig aber werden im Kind nicht jene emotionalen Fundamente gelegt, die solche Leistungen überhaupt möglich machen. So entsteht die Grundlage für eine ständige Selbstverachtung. Man fühlt, dass man nicht den eigenen Ansprüchen genügt und dies ist die Basis für die Entstehung der Eifersucht. »Ich habe das Gefühl, es gibt überall Frauen, die besser, schöner, attraktiver und erfolgreicher sind als ich. Warum sollte sich mein Partner mit mir abgeben? Er könnte sich doch eine andere suchen. Es ist eigentlich nur Zufall, dass er bei mir bleibt.« Das ist die typische Aussage einer eifersüchtigen Patientin, die in der Kindheit massiv kritisiert wurde.

Der mangelnde Lebensmut

Wer zu wenig Anerkennung bekommen hat, neigt immer zur Selbstunterschätzung. Das hat tragische Folgen. Denn es fehlt uns dann die Entschlossenheit, um eigene Lebensziele zu realisieren. Und wir sind überempfindlich gegenüber jeglicher Kritik. So sehen wir bei eifersüchtigen Menschen eine verhängnisvolle Entwicklung: Sie gehen aufgrund des geringen Selbstbewusstseins allen Prüfungen aus dem Weg. Dabei handelt es sich nicht nur um die klassischen Prüfungen. Vielmehr sind doch alle Lebensprojekte eine Prüfung, weil sie gelingen oder scheitern können. Das spüren eifersüchtige Menschen und weichen oft größeren Anstrengungen aus. Da sie viel von sich erwarten, gleichzeitig aber ungeduldig sind, sind schon kleine Projekte für sie mit der Botschaft verbunden: Du wirst scheitern.

Die Psychologin Tamara Dembo hat in ihrer Doktorarbeit die Grundlagen erfolgreicher Menschen erforscht. Sie hat erkannt, dass diese zunächst geringe Ansprüche an sich selbst stellen

und viel trainieren und erst dann die Ansprüche höher schrau-
ben. Doch eine solche geduldige Herangehensweise, die den eigenen Fähigkeiten entspricht, ist eifersüchtigen Menschen
fremd. Auf sie trifft die Formel des Berliner Psychoanalytikers
Schultz-Hencke zu, der gehemmte Mensch habe die Trias Be-
quemlichkeit, Riesenerwartungen und Empfindlichkeit. Das
klingt bei ihm immer sehr moralisch, man spürt den strafenden
Zeigefinger. Aber ist es deshalb so ganz falsch? Doch vielleicht
müsste man eher sagen: Man hat nicht den Mut, wirklich das
Leben zu gestalten. Man bleibt unter seinen Möglichkeiten,
weil man immer schon perfekt sein will. Mit einer kurzen Fall-
darstellung will ich dies verdeutlichen: Eine eifersüchtige junge
Frau hatte einen schwierigen Vater, der sie immer kritisierte. Er
war Alkoholiker, die Eltern trennten sich, als sie zwei Jahre alt
war. Die Mutter war scheinbar bestätigend, aber sie erwartete
viel. Und so hatte die Patientin immer ein geringes Selbstbewusstsein. Sie schaffte noch das Abitur, aber das Studium brach
sie ab, weil sie unter zu großen Prüfungsängsten litt. Schließlich fing sie in einem Unternehmen an, wo sie keine Ausbildung nachweisen musste und arbeitete sich hoch. Aber sie
konnte nie einen Abschluss erreichen. Stets hatte sie Angst vor
dem vermeintlich strengen Blick der anderen. Und so unsicher
war sie auch bei Männern. Sie tat zwar viel für sie, wurde nicht
gut behandelt und war trotzdem eifersüchtig. Wenn die Männer
zwei Tage nicht mit ihr schliefen, hatte sie den Eindruck, dass
man mit ihr unzufrieden sei. Sie war überzeugt, dass sich diese
von ihr abwenden würden – dass sie eine bessere Frau gefunden
hätten. Sie war massiv unzufrieden mit sich, denn sie spürte genau, dass sie aus ihrem Leben mehr machen könnte.

Ich fühle mich als Blender

Diese Problematik einer mangelnden Verwirklichung eigener
Lebensmöglichkeiten fand ich bei allen Eifersüchtigen. Oft
hatten sie durchaus große Pläne, wollten immer wieder etwas

Besonderes schaffen. Doch schon in der Anfangsphase wurden sie extrem unruhig, hatten wenig Ausdauer, konnten mit Schwierigkeiten nicht umgehen. Eine Patientin erzählte mir: »Ich wollte immer viel erreichen, aber wie man das schafft, habe ich im Elternhaus nie mitbekommen. Beide Eltern waren immer sehr unzufrieden mit ihrem Leben. Ich hingegen sollte ihre Erwartungen erfüllen, aber ich hatte weder das Selbstbewusstsein, noch die Ausdauer, die Geduld. Ich kannte jene kleinen Schritte nicht, die doch notwendig sind, damit man Erfolg hat. Und so fühlte ich mich immer als Blenderin. Ich hatte bei jedem Mann das Gefühl: Wenn der mich genau kennenlernt, hinter meine Fassade schaut, ist es aus. Als wäre ich nur eine hübsche Verpackung, die viel verspricht und nichts hält.«

Es kommt also bei der Überwindung der Eifersucht nicht nur darauf an, dass man selbstbewusster wird. Man muss auch lernen, die eigenen Lebenspläne umzusetzen, damit das Selbstbewusstsein ein gutes Fundament bekommt. Erst dies selbst erworbene Selbstbewusstsein macht uns letztlich unabhängig vom Lob der Außenwelt. Es gibt uns das Gefühl: ich weiß was ich kann, ich weiß selbst wer ich bin. Wer nie seine Möglichkeiten entfaltet und seine heftigen Arbeitsstörungen überwindet, wird über diesen Stolz auf das eigene Leben nie verfügen. Deshalb ist es gerade für den Eifersüchtigen wichtig, dass er überlegt:

- Was waren schon immer meine Jugendträume, meine Lebensziele?
- Was will ich erreichen?
- Was wären kleine Schritte, um meinen Zielen näher zu kommen? Was hindert mich daran?
- Wo kann ich Unterstützung durch andere Menschen, durch eine Gruppe bekommen?
- Wo könnte ich eine Ausbildung machen, so dass ich genügend Anleitungen erhalte?

Die rege Phantasie

Wir sollten als eifersüchtige Menschen lernen, unsere Aufmerksamkeit auf wichtige Entwicklungsziele zu lenken und uns nicht immer mit dem Partner zu beschäftigen. Ohnehin drehen wir uns zu sehr um den Partner und sind eifersüchtig – vor allem, wenn wir selbst das Interesse an der Beziehung verloren haben. »Man ist nie eifersüchtiger, als wenn man in der Liebe anfängt zu erkalten. Man traut dann der Geliebten nicht mehr, weil man dunkel fühlt, wie wenig einem selbst mehr zu trauen ist«. – meint der Dichter Grillparzer. Ist es also ein Zeichen erkaltender Liebe, wenn man selbst eifersüchtig ist? Jedenfalls wird dann jeder Blick misstrauisch kontrolliert, das Zuspätkommen registriert. So ging es einem eifersüchtigen Ehemann, der seine Frau anrufen wollte. Doch ihr Telefon war immer besetzt. Seine Frau telefonierte sonst nie so lange. Beunruhigt fuhr er nach Hause und stellte fest, dass seine Frau mit dem Kundendienst telefoniert hatte, weil die Waschmaschine kaputt war. Dieser Ehemann war selbst im vergangenen Jahr fremdgegangen und hatte seine Sekretärin verführt. Er war zwar der Ansicht, dass dies nichts zu bedeuten habe, aber er hatte selbst erlebt, wie schnell er einer Versuchung nachgegeben hatte – und übertrug dies nun auf seine Frau. Diese war über seine Unruhe sehr erstaunt.

Die Drehbücher im Kopf

Grundsätzlich ist die Phantasie eine wunderbare Fähigkeit. Wir können uns etwas vorstellen, das nicht existiert. Das ist vor allem dann besonders wichtig, wenn wir etwas Neues wagen wollen. Doch bereits bei der mittleren Eifersucht kommt es zu regelrecht zwanghaften Phantasien. Wir stellen uns oft vor, was passieren könnte. So entstehen ständig kleine Drehbücher im Kopf. Der Partner könnte sich doch von der blonden schönen Kollegin verführen lassen oder er fällt auf die Verführungskünste der Nachbarin herein. Dabei kennt die Eifersüchtige immer die vermeintlichen Vorlieben des Partners. Sie weiß ganz genau, in welchen Frauentyp er sich verlieben könnte, und so bekommt die Eifersucht ständig neue Nahrung. Die Sekretärin ruft manchmal mit einer liebenswürdigen Stimme an, die Nachbarin hat einen lustig-frechen Blick. Dies hat grundsätzlich nichts zu bedeuten, aber für die Phantasie des Eifersüchtigen sind dies bereits Beweise. Alfred Adler hat einmal gemeint, es gäbe bei vielen Problemen ein primitives Verarbeitungsschema. Das klingt nicht gerade verständnisvoll, ist aber dennoch richtig. Wer unter Eifersuchtsgefühlen leidet, sieht Kleinigkeiten meist richtig, aber er gibt ihnen eine zu große Bedeutung. Deshalb meinte Cervantes: »Ein Eifersüchtiger blickt stets durch eine Brille, die aus groß klein, aus Zwergen Riesen und aus Verdacht Wahrheit macht.«

Ich habe oft den Eindruck, dass man die Phantasie eifersüchtiger Menschen konstruktiver beschäftigen müsste. Das Lebensfundament ist zu schmal. Deshalb frage ich eifersüchtige Menschen immer:

■ Was beschäftigt Sie so stark, dass Sie von morgens bis abends daran denken?
■ Welche Lebensziele haben Sie?
■ Auf welche Lebensprojekte werden Sie am Ende Ihres Lebens stolz sein?

Welche unerfüllten Lebensziele haben Sie?

Meist höre ich dann, dass es solche Lebensziele nicht gibt. Man versucht den Alltag zu bewältigen, geht dem Beruf nach, kümmert sich um die Kinder. Und der Partner, die Partnerin spielt eine wichtige Rolle. Doch für unsere Kreativität, unsere Leidenschaft ist ein solcher Lebensentwurf zu schmal, er füllt uns nicht aus. Sie sollten also überlegen, welche unerfüllten Lebenswünsche Sie haben. Wollten Sie schon in der Jugend ein Buch schreiben, eine Fremdsprache erlernen, hatten Sie vor, einen neuen Schwimmstil zu erlernen? Wir alle schieben eine Fülle von unerledigten Lebensplänen vor uns her, und es ist wichtig, dass wir die Kraft der Phantasie etwas mehr auf die Realisierung dieser Pläne richten.

Wir haben nun gelernt, dass wir
- selbstbewusster werden sollten,
- uns mit unseren Unvollkommenheiten versöhnen sollten,
- die Kritik unser Kindheit hinterfragen müssen,
- und unsere Lebensenergie auf wichtige Ziele lenken sollten.

Doch ein elementarer Schritt zur Überwindung der Eifersucht fehlt noch. Wir müssen unabhängiger vom Partner werden und dazu müssen wir den eigenen Freundeskreis erheblich erweitern. Damit meine ich Freundschaften, in denen Sie wirklich offen über sich reden können, also auch über Ängste, Schwächen und peinliche Situationen. Bauen Sie sich solche Freundschaften auf, in denen Sie wirklich vertrauen können. Bei denen Sie wissen: diese Freunde werden mir helfen. Solche Freundschaften können ein Fels im Strudel des Lebens sein. Deshalb heißt es auch in einem Lied: »Wahre Freundschaft soll nicht wanken«. Und wenn Sie diese Freundschaften haben, werden Sie mitunter vielleicht sogar den Gedanken wagen: Wie könnte ich leben, wenn mich mein Partner verlässt? Für den Eifersüchtigen ist dies meist oft ein unerträglicher Gedanke. Aber ist es nicht vernünftig, wenn wir uns auch als »Einzelwesen« sehen und wissen, dass selbst nach einer Trennung das Leben weitergeht? Vielleicht haben Sie sich zu sehr an den Partner angepasst, weil Sie Angst davor hatten, verlassen zu werden. Eifersucht beruht meist auf einer zu geringen eigenen Selbstständigkeit und einer zu großen Distanz des Partners. Und hier beginnt ein Teufelskreis: Man sucht immer mehr die Nähe des Partners, die man immer weniger bekommt. Deshalb wäre es für die Partnerschaft, aber auch für ihre eigene Selbstachtung wichtig, dass Sie mindestens einmal in der Woche etwas allein unternehmen. Ich nenne dies die PFA-Methode. PFA – das ist der partnerschafts-freie Abend. Treffen Sie sich dann mit Freunden, gehen Sie allein ins Kino, lesen Sie ein Buch – unterbrechen Sie den Dauerkontakt zum Partner. Der Partner kann sehr wichtig sein, aber er sollte nicht die Grundlage unseres Lebens darstellen. Wir sollten auch allein leben können.

Wie bindet man den Partner

Nun sind Sie so selbstbewusst und unabhängig geworden, dass Sie einen nächsten Schritt wagen können: den Partner positiv an sich zu binden. Oft verhält man sich doch so, dass man den Partner von sich forttreibt. »Ich beschuldige meinen Partner, kontrolliere ihn, bin oft launenhaft, ich verhalte mich so, dass jeder vernünftige Mann gehen müsste«, meinte eine Patientin selbstkritisch. Und sie erklärte mir: »Ich kann dann nicht nett sein. Ich habe ja immer das Gefühl, dass er mich nicht liebt, dass er auf dem Sprung sein könnte. Am stärksten ist in mir dann ein Gefühl der Empörung, ich habe das Gefühl, dass ich aufpassen muss. Und dann kann ich nicht lieb sein.« Doch genau dies ist wichtig, wenn Sie selbstbewusster geworden sind. Dann wissen Sie, wie Sie ihren Partner werbend an sich binden können. Denn mit viel Aufmerksamkeit, viel Anerkennung und Erotik können Sie fast jeden Partner an sich »fesseln«. »Man muss einem Mann nur zuhören können und ihm sagen: du bist toll, woher weißt du das, ich könnte dir stundenlang zuhören. Männer muss man loben, gelegentlich mit ihnen schlafen, dann sind sie ganz pflegeleicht und lieben uns« – so die Aussage einer lebenserfahrenen Freundin.

Die Nachempfindlichkeit

Und wenn Sie so geschickt auf den Partner zugehen, können Sie auch auf dessen Werbungsverhalten eingehen. Es ist doch eine Tragik, dass der Eifersüchtige oft »rumzickt«, wenn der Partner auf ihn zugeht. Das liegt oft daran, dass der Eifersüchtige nichts vergessen und verzeihen kann. Er verfügt über eine große Nachempfindlichkeit. Sonst neigen wir im Leben dazu, kränkende Situationen allmählich zu vergessen. Doch dies gelingt dem Eifersüchtigen meist nicht. Man hat oft den Eindruck einer offenen Wunde, die immer wieder aufgerissen wird. Dies spürte ich am deutlichsten bei einer 60-jährigen Dame, die sehr eifersüchtig war. Sie wirkte sehr empfindlich, wie ein Mensch, der ein großes Unrecht nicht vergessen konnte. Also fragte ich sie, welcher Mann sie so verletzt hatte. Sie berichtete daraufhin, dass ihr Mann fremdgegangen sei und sie dann verlassen habe. Ich wollte natürlich wissen, wie lange dies her war, und erfuhr, dass die die Trennung vor 40 Jahren erfolgt sei. Sie erzählte mir, sie habe sich von diesem Schock nie mehr richtig erholt. Sie habe keinem Mann mehr richtig vertraut, sei auch in ihrer jetzigen Beziehung sehr eifersüchtig. Und Sie ahnen wahrscheinlich, dass diese Frau in ihrem Leben nie die Erfahrung einer rückhaltlosen Bejahung machen durfte. Sie war in einem Geschäfthaushalt aufgewachsen, wo natürlich die finanziellen Belange wichtiger waren als die einzige Tochter. Sie wuchs mit der grundlegenden Erfahrung auf, dass sie nie wirklich wichtig war.

Was der Partner tun kann

Vielleicht haben Sie nun ein wenig besser verstanden, warum eifersüchtige Menschen so unsicher sind, wie sie dies verstehen und überwinden können. Sicher ist klar geworden, dass man an seinem Selbstbewusstsein »arbeiten«, seine Entwicklungsziele kräftiger verfolgen und seine Freundschaften pflegen sollte, um vom Partner unabhängiger und zugleich zufriedener zu werden. Und man sollte sich dann so verhalten, dass der Partner emotional gebunden wird. Oft verhält sich der Eifersüchtige in seiner Verzweiflung so, dass er den Partner von sich wegtreibt. Doch auch der Partner kann etwas tun: Er muss versuchen die Eifersucht zu verstehen, was sicher manchmal nicht leicht ist. Und er sollte bemüht sein, genügend Nähe herzustellen. Denn ein distanzierter Partner ist oft der Nährboden für Eifersucht. Und vor allem: Er darf nicht flirten. Spielen Sie also nicht mit dem Feuer. Machen Sie anderen Menschen keine »schönen Augen«, schüren Sie nicht die Eifersucht. Das Flirten mag manchmal spannend sein, aber Sie zahlen dafür einen hohen Preis, weil die Eifersucht keine wirklichen Liebesgefühle auslöst.

Die massive Eifersucht

Eher selten, aber dafür schwierig zu bewältigen ist natürlich die massive Eifersucht. Sie liegt vor, wenn man ständig eifersüchtig ist. Dieser Eifersüchtige lebt immerzu in einem Gefühl der Anspannung, der Sorge, unentwegt treibt ihn die Angst um, der Partner könne ihn verlassen. Das kann durchaus über Jahre gehen, auch wenn nie ein stichhaltiger Beweis für eine Untreue gefunden wurde. Trotzdem kontrollieren Sie den Partner, Sie durchsuchen seine Taschen, das Handy und den Computer nach Beweisen für die Untreue. Das fängt meist harmlos an: Das Handy liegt auf dem Tisch und Sie haben nach der SMS geschaut, die dort zu lesen war. Doch im Laufe der Zeit hat sich Ihr ganzes Leben zu einem Radarsystem gewandelt, das sich völlig auf die vermeintliche Untreue des Partners eingestellt hat.

Handeln wie ein Detektiv

Fühlen Sie sich nicht wie ein Detektiv, der einem Verdacht nachgeht? Jedenfalls bin ich immer wieder überrascht, wie genau die Beobachtungen eines Eifersüchtigen sind, wie perfekt sein Gedächtnis funktioniert. Manchmal bin ich fasziniert, welche Fähigkeiten die Eifersüchtige entwickelt. Obwohl er früher nie ein Interesse am Computer hatte, »knackt« er ihr Postfach und liest die E-Mails. Sie riecht genau, ob eine andere Frau ihn geküsst hat. Das fremde Parfüm würde ihn verraten. Kleinste Stimmungsschwankungen nimmt sie wahr, nichts kann man vor ihr verbergen. Viele, viele Kleinigkeiten ergeben dann ein Gesamtbild, bis schließlich der vermeintlich untreue Partner fast überführt ist. Und dann beginnt ein Verhör, man fragt nach: Wo warst du gestern, mit wem hast du dich getroffen, warum bist du später gekommen? Und es hagelt Vorwürfe, er würde sie betrügen, andere Frauen attraktiver finden.

Eifersucht: das wilde Tier

Das belastet natürlich die Partnerschaft und ist gleichzeitig selbstzerstörerisch. Doch all diesen Gedanken und Gefühlen ist der Eifersüchtige ausgeliefert, er kann sie nicht steuern, es sei ein wildes Tier, heißt es bei Tolstoi. Tatsächlich ist diese Eifersucht ein Drama. Wie ein Ertrinkender ringt der Eifersüchtige ständig ums Überleben. Er ist dringend auf die Liebe des Partners angewiesen und spürt die Angst, dass diese Liebe verlorengehen könnte. Insofern ist es eine furchtbare Existenzangst. Kaum eine Angst ist so schrecklich wie die Eifersucht. Bei anderen Ängsten kann man oft etwas tun. Doch bei der Eifersucht ist man scheinbar ohnmächtig dem Partner ausgeliefert, den man für unzuverlässig hält. Wer dem Eifersüchtigen helfen will, muss diese Problematik verstehen. Es ist leicht, eifersüchtige Menschen zu kritisieren oder sich gar über sie lustig zu machen. Oftmals übertreiben sie sehr stark, sie beschuldigen den Partner, obgleich sie selbst untreu sind. Doch hilft der erhobene Zeigefinger hier wirklich weiter? Wir müssen uns schon bemühen, auch diese Eifersuchtsregungen zu begreifen. Und das bedeutet, dass wir die Welt mit den Augen eifersüchtiger Menschen sehen müssen. Aber dies gelingt nur, wenn wir auch die Kindheit eifersüchtiger Menschen genauer analysieren. Denn die Auslöser dieser schweren Eifersuchtsproblematik liegen kaum in der Gegenwart, sondern meist in der Kindheit. Und dann fällt auf, dass alle massiv Eifersüchtigen sehr unsichere Bindungen in der Kindheit erlebten.

Die distanzierten Bindungen

Oft waren die Eltern seelisch zu unterkühlt, zu distanziert, so dass sie dem Kind nicht genügend Wärme geben konnten. Der Eifersüchtige ist dann im Leben immer emotional unterzuckert, er machte nie die Erfahrung einer verlässlichen Beziehung. Aber dies ist das wichtigste Bedürfnis unseres Lebens. Wir brauchen Mitmenschen, die uns erkennen, tiefe Bindungen herstellen, denen wir vertrauen können. Und vor allem in der Kindheit sind wir auf Eltern angewiesen, die uns in jeder Weise unterstützen. Denn jedes Kind braucht viel Anerkennung, Aufmerksamkeit, Körperkontakt, und wichtig ist vor allem, dass hierbei eine große Verlässlichkeit besteht. Wenn die Mutter unter extremen Stimmungsschwankungen leidet und der Vater vielleicht Alkoholiker ist, wird die Gefühlszuwendung zum Kind immer sehr schwankend sein. Ein Kind wird nie verstehen, warum es heute geliebt wird und morgen nicht. Es begreift nur, dass die Nähe sehr flüchtig ist und schnell verlorengehen kann.

Die Entthronung

Durch eine Trennung der Eltern oder eine schwere Erkrankung wird die verlässliche Nähe immer bedroht. Doch am dramatischsten ist oft der Verlust an Nähe nach der Geburt eines Geschwisters. Es fällt auf, dass Einzelkinder häufig wesentlich weniger eifersüchtig sind. Sie bekommen mehr stabile Zuwendung, müssen diese nicht mit anderen Geschwistern teilen. Natürlich kann es durchaus von Vorteil sein, mit Geschwistern aufzuwachsen. Man erwirbt eine größere Sozialkompetenz, und Kinder können sich sehr unterstützen, wenn die Beziehung zu den Eltern schwierig ist. Aber wir dürfen nie die Eifersuchtsgefühle unterschätzen, die durch die Geburt eines Geschwisters entstehen. Heute steht man noch im Mittelpunkt, morgen gilt die Sorge der Eltern nur noch dem kleinen Schreihals. Kinder fühlen sich dann oft so sehr vernachlässigt, dass sie wieder zum Kleinkind werden. Sie fangen an zu stören, nässen wieder ein, beschäftigen auf diese Weise die Eltern. Und früher bekamen sie dann oft zu hören, sie sollten vernünftig sein. Die eifersüchtigen Kinder fühlten sich dann noch weniger verstanden und zogen sich zurück. Innerlich jedoch kochten sie vor Wut und hatten mitunter sogar Mordgedanken. Welche mörderischen Affekte diese Geschwisterproblematik in sich tragen kann, zeigt schon die Geschichte von Kain und Abel. Während der Herrgott dem jüngeren Abel wohlgesonnen ist, fühlt sich der ältere Kain abgelehnt. Sie wissen, wie es ausgeht: Kain erschlägt Abel – laut Bibel der erste Mord der Menschheitsgeschichte. Mit Recht war deshalb für Alfred Adler das »Entthronungstrauma« eines der am schwersten belastenden Ereignisse in der Kindheit, das eine Person bis hinein ins Erwachsenenalter prägt.

Die Suche nach einem Hafen

Der massiven Eifersucht liegt fast immer die Vertreibung aus dem »Paradies« zugrunde. Was einmal als schön erinnert wurde, ging plötzlich verloren. Deshalb suchen eifersüchtige Menschen in ihrem ganzen Leben einen Halt, eine Stabilität, einen sicheren Hafen, den ihnen in dieser Ausprägung niemand geben kann. Sie suchen eine feste Insel mit einer absoluten Verlässlichkeit. Der Partner darf nichts allein unternehmen, das Leben gleicht dem von siamesischen Zwillingen. So jedenfalls schilderte es mir eine eifersüchtige 41-jährige Lehrerin, die mit einem versorgenden Mann zusammenlebte. Ihre Eltern hatten sich getrennt, als sie zwei Jahre alt war, und sie ging dann mit ihrer Mutter eine sehr intensive, zärtliche, eher verwöhnende Beziehung ein. Daran orientierten sich auch die Beziehungen mit Männern, die immer sehr eng waren. Und sie war eifersüchtig, sehr eifersüchtig. Die Beziehung zu ihrem jetzigen Mann war eng, zu eng, die Erotik schlief ein.

Und nun überlegte diese Lehrerin immer, wo denn die Liebe ihres Mannes geblieben sein könnte. Und das gipfelte dann immer in der Frage: Wen liebt er jetzt? Und vor allem: Mit wem schläft er? Denn sie kannte auf den Rückgang der Leidenschaft nur eine Antwort: Er hatte ein Verhältnis mit einer anderen Frau.

Eifersucht auf die Freunde

Es war das Verhängnis dieser Beziehung, dass sich dieser Mann vollständig auf seine Partnerin einstellte. Denn fast immer führt die massive Eifersucht eines Partners zu einer gemeinsamen Verringerung der sozialen Expansion. Dies bestätigte mir auch ein 56-jähriger Angestellter: »Ich war immer sehr eifersüchtig und klammerte mich an meine Frau. Ich wollte sie für mich allein. Ich konnte nicht damit umgehen, dass sich meine Frau mit anderen Menschen traf. Es gab dann heftige Auseinandersetzungen, einmal habe ich alles Mögliche aus dem Fenster geworfen. Es waren wichtige Papiere, aber meine Frau holte sie nicht hoch, ich musste selbst runter und sie einsammeln. Das hatte zur Folge, dass ich nie mehr etwas aus dem Fenster warf. Aber ich habe mich doch durchgesetzt. Sie traf sich im Laufe der Jahre immer weniger mit Freunden, heute lebt sie genauso zurückgezogen wie ich.«

Der Eifersuchtswahn

Solche Eifersucht greift tief in das Leben des Partners ein. Aber sie bringt auch das Seelenleben des Eifersüchtigen so durcheinander, dass sie als wahnhaft bezeichnet wird. Ich bin mit solchen Diagnosen sehr vorsichtig. Oft bemühen wir uns dann nicht mehr, den Eifersüchtigen zu verstehen. Doch handelt es sich nicht um einen Wahn, wenn die Phantasien nicht mehr an der Wirklichkeit überprüft werden? Nun haben wir tagtäglich viele Gefühle und Phantasien, die von der Realität abweichen. Aber im Allgemeinen haben wir einen gewissen Abstand zu unseren kleinen Verrücktheiten – und das ist der Unterschied zum Wahn. Gerade beim Eifersuchtswahn ist man vollständig davon überzeugt, im Rech zu sein. Keine Erklärung kann uns beweisen, dass unser Verdacht unbegründet ist. Der Partner kann noch so viel reden, seine Unschuld beteuern. Wir sind trotzdem fest davon überzeugt, dass wir Recht haben. Und deshalb warnt Goethe: »Man muss sich hüten, den Keim von Wahnsinn auszubrüten und zu pflegen.«

Die Gefahr der Trennung

Der Eifersüchtige leidet massiv unter seiner Überzeugung, man könne ihn verlassen. Und das Dramatische ist: Er verhält sich so, dass sich der Partner irgendwann tatsächlich überlegt, ob er sich trennt. Eine Patientin berichtete: »Ich war einige Jahre mit einem Mann zusammen, der sehr eifersüchtig war, obwohl er überhaupt keinen Grund dazu hatte. Er kontrollierte mich ständig. Wenn ich allein zuhause war, rief er mich oft an. Er wollte dann immer sehen, ob ich nicht doch weg gehe, ob ich mich mit anderen verabrede. Das war mir zu viel, ich trennte mich.«

Wenn man selbst nicht mehr liebt

Oft beruht das Misstrauen des eifersüchtigen Partners auch darin, dass er selbst nicht mehr liebt. Solange man verliebt ist, spürt man ein festes Band der Liebe. Meist sind wir dann felsenfest davon überzeugt, dass diese Beziehung verlässlich ist. Aber wenn die Liebe erkaltet, kann sie ja wirklich scheitern. Denn die Außenwelt enthält immer viele Versuchungssituationen. Vor allem Männer über 40 sind auf der Suche und wildern. Sie suchen sich eine Frau, die sich in einer festen Bindung befindet. Diese Männer wissen, dass man einer Frau die Bereitschaft zum Seitensprung ansehen kann. Sie hat dann den berühmten »Leuchtturmblick«. Wenn ein interessanter Mann den Raum betritt, schaut sie mit großem Interesse. Und nach einer gewissen Zeit schaut sie noch einmal genauer hin. Die Wilderer spüren dies und registrieren, dass diese Frauen nicht jene sozialen Wurzeln besitzen, die durch eine gute Partnerschaft entstehen. Solche Frauen haben eher eine bedürftige Ausstrahlung und sind von daher immer ein potentielles »Opfer« für diese Wilderer.

Diese Zusammenhänge ahnen natürlich die eifersüchtigen Männer. Deshalb wird jede Einladung zu einem großen Problem. Und sie darf nie ihren Blick schweifen lassen, weil dies schon massive Eifersuchtsgefühle auslöst. In Gedanken lebt der Eifersüchtige immer in der Angst, seine Partnerin könne untreu werden. Und er ist überzeugt, dass sie dies verheimlichen wird. Deshalb beginnen die Spekulationen zu wuchern. Alles wird in Richtung Seitensprung interpretiert. Ist sie sehr zärtlich, hat sie ein schlechtes Gewissen. Ist sie zurückhaltend, ist ihre Liebe erkaltet.

Wenn man selbst untreu war

Als Partner leiden Sie natürlich, denn sie werden immer wieder von Vorwürfen überschüttet. Wenn Sie sich spontan mit einer Freundin treffen, bekommen Sie zu hören: Warum hast du mir nichts davon erzählt? Allmählich bekommen Sie bereits ein schlechtes Gewissen, wenn Sie einmal etwas allein unternehmen. Sie wagen es auch nicht, eine andere Frau auf einem Fest anzusprechen. Es liegt auf der Hand, dass dieses Verhalten »suboptimal« ist, wie es eine Kollegin einmal vornehm ausdrückte. Doch warum verhält sich der Eifersüchtige so ungeschickt? Seine Kindheitserlebnisse haben ihn zu der Überzeugung geführt, dass es nie verlässliche Beziehungen gibt. Und so ist er der Meinung, dass jeder Partner zur Untreue neigt. Überall kann eine Verführungssituation lauern, nie kann man sich der Liebe eines Menschen sicher sein. Es muss nur ein stärkerer erotischer weiblicher »Magnet« kommen, und plötzlich liegt der bisher treue Ehemann mit ihr im Bett. Doch diese Überzeugung ist falsch. Die meisten Menschen sind wesentlich treuer, als wir es üblicherweise vermuten. Solange die Ehe halbwegs gut ist, man miteinander redet und gelegentlich auch Sexualität stattfindet, sind fast alle Menschen treu. Lesen Sie einmal den Roman »Effi Briest« von Theodor Fontane. Dort sehen Sie, wie sich zwei Eheleute voneinander entfernen. Effi ärgert sich über ihren distanzierten Ehemann, sie fühlt sich vernachlässigt, geht deshalb auch auf das werbende Verhalten eines Freundes ihres Mannes ein. Und schließlich kommt es tatsächlich nach vielen Treffen zu einem Seitensprung. Aber glücklich ist Effi nach diesem Seitensprung nicht, sie leidet unter massiven Schuldgefühlen und flieht aus der mecklenburgischen Kleinstadt. An diesem Seitensprung war der Ehemann selbst schuld. Er hat seine Frau so lange vernachlässigt, dass sie ihre sinnlichen Bedürfnisse woanders befriedigte. Genauer gesagt: Sie fühlte sich von einem anderen Mann so umworben, erkannt und verstanden, dass sie schließlich mit ihm schlief. Offenbar verhält es sich mit der Treue so wie mit einem Haus. Es dauert lange, bis das eindringende Wasser wirklich Schäden an der Haussubstanz verursachen kann. Erst ist das Dach undicht, schließlich beginnen die Deckenbalken zu faulen. Das dauert viele Monate und Jahre.

Eifersüchtige Menschen unterliegen also dem Irrtum, dass andere Menschen eine große Verführungskunst haben, der keiner widerstehen kann. Zu ihnen zählte sogar der Menschenkenner Sigmund Freud. Er war sehr eifersüchtig auf seinen Freund Fritz Wahle, der in dem Ruf stand, er könne jede Frau für sich gewinnen. Er war Künstler, und Freud war überzeugt: »Wir wissen, dass jene in ihrer Kunst einen Dietrich besitzen, der alle Frauenherzen mühelos aufschließt, während wir gewöhnlich vor den seltsamen Zeichen des Schlosses ratlos dastehen und uns quälen müssen, auch erst für eins den passenden Schlüssel zu finden.«

Es gibt treue Menschen

Natürlich gibt es Menschen, die notorisch untreu sind. Es gibt insbesondere narzisstische Männer und solche mit einer großen Bindungsschwäche, auf deren Treue kein Verlass ist. Bei ihnen muss man ständig befürchten, dass sie erotische Beziehungen außerhalb der Ehe eingehen. Deshalb ist es wichtig, dass wir am Beginn einer Partnerschaft immer auch darauf achten, ob der zukünftige Partner treu sein kann. Fast instinktiv spüren wir, ob der andere eine ernsthafte Beziehung eingeht, ob es sich um ein emotionales Angebot handelt, dem wir vertrauen können. Und wir können auch erkennen, ob der zukünftige Partner über genügend Bindungskraft, Ausdauer und Beständigkeit verfügt. Das erkennen wir schon daran, wie lange seine Beziehungen bisher gedauert haben. Ist der potentielle Partner bzw. die -partnerin schon älter als 40 Jahre, sollte er/sie mindestens eine 5-jährige Beziehung gehabt haben. Das würde deutlich machen, dass er Schwierigkeiten überwinden kann und auch in Konfliktzeiten nicht sofort die Beziehung beendet.

Doch was soll man tun, wenn man nun schon seit Jahren mit einem Mann zusammenlebt und von dessen Neigung zur Untreue überzeugt ist? Dann sprechen Sie mit dem Partner! Und wenn Zweifel bleiben, beobachten Sie ihn. Zwar erspüren Eifersüchtige nur 50 Prozent aller Seitensprünge, aber langfristig fliegen doch fast alle Seitensprünge auf. Doch denken Sie immer daran: Wichtig ist vor allem, dass Sie gute Liebeserlebnisse herstellen. Die meisten Seitensprünge sind das Resultat einer Entfremdung in der Beziehung. Und denken Sie vor allem daran: Man kann den Partner nicht vollständig kontrollieren. Das mussten selbst die Direktoren der südafrikanischen Diamantenminen lernen. Sie verboten die Haltung von Brieftauben, weil sie zum Transport der Diamanten dienen konnten. Und an den Ein- und Ausgängen zu den Minen wurde jeder strengstens kontrolliert. Alle Arbeiter wurden täglich geröntgt, alle Gegenstände, die ein Versteck darstellen konnten, blieben für immer im Sperrgebiet. Doch trotz Leibesvisitationen, Videoüberwachung und Patrouillenflügen fanden die Schmuggler immer wieder Schlupflöcher. Was lernen wir daraus? Wir können Menschen so viel kontrollieren wie wir wollen, für einen Seitensprung wird es immer Gelegenheiten geben. Ein Flirt kann im Supermarkt, in der U-Bahn, ja selbst im Krankenhaus beginnen. Das wissen eifersüchtige Menschen, und gerade diese Erkenntnis macht sie so unruhig. Sie haben nicht die innere Kraft, den Partner zu umwerben. Wer davon ausgeht, dass er im nächsten Augenblick betrogen werden könnte, wer sich vernachlässigt und zu wenig geliebt fühlt, wirbt nicht um den Partner. Folgerichtig bleibt dann nur die Möglichkeit der Kontrolle. Bei der schweren Eifersucht ist deshalb immer ein massives Machtstreben vorhanden. Daher stellt Alfred Adler in seinem Buch »Menschenkenntnis« fest, Eifersucht sei eine Form der Macht. Und gerade dieser Aspekt hat zu ihrer Verdammung geführt, so dass Jules Lemaître meinte: »Eifersucht: Das heißt einen Menschen zu lieben, als ob man ihn verabscheute.«

Eifersucht als Macht

Bei der stärkeren Eifersucht sind immer Züge von Herrschsucht vorhanden. Man wirbt nicht um den Partner, man gibt ihm keinen Grund, wirklich zu bleiben. Das ist ja die eigentliche Ambivalenz: Man will den Partner an sich binden, fühlt sich aber unfähig, sich wirklich nett und werbend zu verhalten. Also versucht man, ihn zu kontrollieren, der Partner muss ständig erklären, was er gemacht hat, warum er später gekommen ist, was er unternehmen will. Und viele seiner Aktivitäten werden kritisiert, da sie möglicherweise geeignet sind, die Beziehung aufzulösen oder fremdzugehen. Wenn er mit Freunden eine Radtour unternehmen will oder in die Volkshochschule geht, um einen Kurs zu belegen, zieht sie kritisch die Augenbrauen hoch. Abends ist sie verstimmt und mit kühler Stimme wird sie ihn dann fragen, warum er außerhalb der Beziehung so aktiv ist.

Nun sind eifersüchtige Menschen durchaus klug. Sie wissen, dass das Kontrollverhalten kaum wirksam ist. Und so greifen sie – völlig verzweifelt – zu noch stärkeren Mitteln. Sie drohen mit Trennung, mit dem Ende der Beziehung. Doch diese Drohung nutzt sich schnell ab, wenn man sie zu häufig gebraucht. Und so bleibt oft nur die Selbstmorddrohung. Dies musste auch Manes Sperber erleben und erleiden, der eine sehr eifersüchtige Freundin hatte. Er erinnert sich: »Y., meine damalige Freundin, war von einer Eifersucht besessen, die sie aufs Äußerste gesteigert, in Depressionen stürzte. Sie war dann unfähig, an anderes zu denken als den Verrat, dessen Opfer sie zu sein glaubte, und an die Demütigung, die ihr durch meine vermutete Untreue ohne Unterlass zugefügt wurde. Gelang es mir nicht, sie sofort diesem Zustand zu entreißen, so griff sie zu jener Waffe, die nur den Feind oder die Gleichgültigen nicht ängstigt: zur Selbstmorddrohung.

Zwei Jahre lebte ich unter diesem Terror, was auch immer ich unternahm, um die Freundin vor dem Leid zu bewahren, das sie sich selbst zufügte und mir aufzwang, bewirkte nur eine Beruhigung von kurzer Dauer.«[6]

Ein Hang zur Dramatik

Was Außenstehenden immer auffällt, ist die Tatsache, dass bei einer massiven Eifersucht stets ein Hang zur Dramatik vorliegt. Kleine Begebenheiten werden zu großen Ereignissen aufgebauscht. Irgendwie wirkt dies alles wie eine Inszenierung in einem Theater. Doch wir dürfen nie vergessen, dass hier ein Mensch verzweifelt ist, keinen Ausweg mehr sieht.

Die Eifersucht ist eine schwerwiegende »Erkrankung«, sie ist eine Sucht. Sie kennen sicherlich das folgende Zitat, das Grillparzer zugeschrieben wird: »Eifersucht ist eine Leidenschaft, die mit Eifer sucht, was Leiden schafft.« Insofern ist die Eifersucht eine selbstzerstörerische Suchterkrankung. Tatsächlich handelt es sich bei der Eifersucht um eine Gefühlsdroge, die immer mit großen inneren Defiziten einhergeht. Das Innenleben ist nicht stabil, das Lebensfundament ist zu schmal. Doch daran kann der Eifersüchtige nur langfristig etwas ändern. Deshalb besteht immer eine unheilvolle Dynamik: Man ist sehr vom Partner abhängig, denkt ständig über sein Fehlverhalten nach und verliert sich dabei immer mehr.

Es fehlt also das eigene Innenleben, und Eifersucht verstärkt noch die Hinwendung zur Außenwelt. Zwar sieht es zunächst so aus, als würde durch Eifersucht das eigene Lebensgefühl gesteigert, denn Eifersucht hat immer eine aufputschende Wirkung und die innere Leere wird damit überspielt. Deshalb meinte auch der Berliner Psychoanalytiker Schultz-Hencke, der Eifersüchtige trage die mangelnde Auseinandersetzung mit dem Leben im Liebesbereich aus.

Der Wunsch nach Verschmelzung

Allerdings sollten wir uns hüten, bei der Beurteilung der Eifersucht zu schnell auf die Lebensdefizite hinzuweisen. Wir können die Eifersucht nur verstehen, wenn wir sie als einen Wunsch nach einer sehr intensiven Nähe erkennen Für den Eifersüchtigen ist die Liebe das Zentrum des Lebens. Ihm geht es so wie einem Verdurstenden in der Wüste, der nur noch einen sehr kleinen Wasservorrat hat. Für ihn ist es lebenswichtig, wieder eine Wasserstelle zu finden. Und von einer ähnlichen Bedeutung ist die Zuwendung des Partners für einen Eifersüchtigen. Er hat immer wieder Angst, alleingelassen zu werden, seinen sicheren Hafen zu verlieren.

Was kann der Partner tun

Die Nähewünsche des Eifersüchtigen nerven natürlich den Partner. Er fühlt sich eingeengt und empfindet die Eifersucht als Machtstreben. Aber Eifersucht ist auch Liebessehnsucht und Unsicherheit. Und so kann der Partner einen sehr wichtigen Beitrag zur Überwindung der Eifersuchtsprobleme leisten. Er sollte vor allem eine zuverlässige Bindung herstellen. Dies ist wichtig, denn der Eifersüchtige mag übertreiben, die Phantasie mag mit ihm durchgehen, aber völlig unrecht hat er nie. Oft zieht sich der Partner des Eifersüchtigen bei den kleinsten Konflikten zurück und entfernt sich aus dem Bannkreis der Liebe. Er vermittelt der eifersüchtigen Partnerin nicht jene Verbindlichkeit, die sie benötigt.

Zu dieser Verbindlichkeit gehört es, dass wir offen miteinander reden, dass wir verlässlich sind. Und es ist wichtig, dass wir dem Partner in Krisen beistehen. Dass wir auch in den dunklen Stunden des Lebens bei ihm sind. Dass wir ihn pflegen und versorgen. Erst dann bekommen wir doch das Gefühl, wirklich gemocht zu werden. Sonst sind wir aktiv und verdienen uns gewissermaßen die Liebe. Doch die rückhaltlose Liebe zeigt sich erst dann, wenn wir erschöpft, ängstlich, verzweifelt sind und uns der Partner auch in solchen Zeiten annimmt.

Anerkennung ist wichtiger als Sex

Und der Partner kann noch ein weiteres tun: Er kann dem Eifersüchtigen Anerkennung geben. Anerkennung ist noch wichtiger als Sexualität – dieser Aussage stimmten über 80 Prozent in einer von mir durchgeführten Umfrage zu.[7] Auf Sex könne man notfalls verzichten, auf Anerkennung nicht – hieß es meist. Und wirkliche Anerkennung ist ja das Defizit des Eifersüchtigen. Er hat schon als Kind zu wenig gespürt, dass er wichtig ist, dass er Bedeutung hat, dass man ihn liebt.

Nach seinen Lebenserlebnissen ist er nicht davon überzeugt, dass man ihn beständig lieben kann. Er ist nicht davon überzeugt, dass er etwas Besonderes ist. Er fühlt sich austauschbar und bangt daher ständig um den Verlust der Liebe.

Allerdings haben vor allem Männer erhebliche Schwierigkeiten, diese Sehnsucht der Partnerin nach Anerkennung zu erfüllen. Die dafür nötige Sprache steht ihnen nicht zur Verfügung. Und so albern viele Männer herum, wenn ihre Frauen Anerkennung suchen. »Ich liebe deine kleinen Füße«, bekommen Frauen dann zu hören. Oder es wird erotisch: »Ich liebe deinen wohlgeformten Hintern«. Und häufig wird sie dann auch hören: »Ich mag dich, das weißt du doch«. Viele Männer gehen davon aus, dass sie ihre Liebe nicht zeigen, nicht in Worte fassen müssen, schließlich verbringen sie doch viele Nächte neben dieser Frau – das muss doch als Liebesbotschaft reichen.

Ich bin jedoch der Meinung, dass wir alle eine große Sehnsucht danach haben, gelobt zu werden. Aber im Grunde wollen wir noch mehr: Wir möchten erkannt und verstanden werden. Das ist der eigentliche Sinn des Wortes Anerkennung. Also überlegen Sie doch einmal: Was ist die Lebensleistung Ihrer Partnerin, was zeichnet ihr Leben aus? Immer gibt es einen roten Faden im Leben eines Menschen. Wichtige Fähigkeiten, Bemühungen, Träume ziehen sich dann wie ein goldener Faden durch die Biographie. Unser Leben mag oft schwierig und verworren sein, aber immer gibt es solche positiven Ansätze. Diese zu erkennen, und dem Partner zu »spiegeln«, ist Ihre Aufgabe. Solche Anerkennung von außen ist wesentlich intensiver als die Selbstbestätigung. Das ist ähnlich wie mit der Zärtlichkeit: Sich selbst zu streicheln ist doch auch nicht so schön – oder?

Die notwendige Abgrenzung

Allerdings habe ich dafür Verständnis, wenn es Ihnen manchmal schwerfällt, Ihre eifersüchtige Partnerin oder Ihren Partner zu loben. Denn Ihre Position in der Beziehung ist nicht einfach. Sie müssen versuchen sich abzugrenzen, und sollten trotzdem Ihren eifersüchtigen Partner verstehen. Gewissermaßen sollten Sie sowohl Nähe herstellen, gleichzeitig aber um Abgrenzung bemüht sein. Denn diese Abgrenzung ist unbedingt notwendig, weil Sie ständig hören: Was machst du? Mit wem triffst du dich?

Wenn Sie offen sagen, wohin Sie gehen und was Sie erlebt haben, gibt es oft endlose Diskussionen. Verheimlichen Sie aber Ihre Treffen, können Sie sicher sein, dass Ihr eifersüchtiger Partner es irgendwann erfährt. Er denkt ja den ganzen Tag darüber nach, wo eine Bedrohung der Liebe vorliegen könnte. Und irgendwann spürt er, dass etwas nicht stimmt. Und er wird dies immer – wer sollte ihm das verdenken? – als Vertrauensbruch werten. Dies führt oft dazu, dass der Partner des Eifersüchtigen vorsichtig wird und sich zunehmend zurückzieht. Er schränkt seine Freundschaften ein, weil er das ständige Misstrauen nicht mehr erträgt. Doch dies ist tragisch, weil dann der Lebensraum immer enger wird. Und langfristig erstickt die Liebe daran. Deshalb gilt grundsätzlich: Der Partner sollte sich seine Freiräume nicht nehmen lassen. Er sollte sich nicht in eine Rechtfertigungsecke drängen lassen. Sonst dürfen Sie sich nie mehr mit einer anderen Frau, einem anderen Mann treffen. Wehren Sie sich also gegen das Kontrollbedürfnis des Partners. Für die Stimmung in der Partnerschaft ist es wichtig, dass Sie sich für Ihre eigenen Bedürfnisse entscheiden und dass Sie wissen, dass dies keine Kampfansage ist. Einer meiner Patienten lebt mit einer sehr eifersüchtigen, aber liebenswürdigen Partnerin zusammen. Er schrieb mir: »Ich habe meiner Frau, die sehr eifersüchtig ist, immer vermittelt: ich mache es für mich, nicht gegen dich. Und gelegentlich sage ich ihr: du nervst, du greifst in mein Leben ein.

Und ich sage ihr: ich würde ja mehr mit dir machen, wenn du freundlicher wärst. Dennoch höre ich auf meine Partnerin, denn hinter jeder Eifersucht steckt ein Wahrheitsanteil. Meine Frau spürt, wenn dort etwas ins Schwingen kommt, das über eine Freundschaft hinausgeht. Insofern richte ich mich nach meiner Frau, schränke mich auch ein … Ich nehme die Bemerkungen und Bedürfnisse meiner Partnerin sehr ernst und versuche, sie nicht unnötig zu provozieren. Sicher ist es manchmal schwer, den wahren Gehalt an einem eifersüchtigen Verhalten zu ergründen, aber das ist mir meine Partnerin wert. Ich habe auch schon die eine oder andere Beziehung abgebrochen, wenn dies meiner Partnerin unnötig wehgetan hat. Auch Umarmungen wäge ich bei anderen Menschen ab, was ich übrigens auch von meiner Partnerin erwarte.«

Sie spüren sicherlich: Dies ist ein schwieriger Balanceakt, der nicht immer reibungslos verläuft. Doch eines ist entscheidend: Vermeiden Sie unbedingt, die Partnerin eifersüchtig zu machen. Das mag manchmal naheliegend sein. Wir neigen zu dieser Eifersuchtsstrategie, wenn wir uns nicht genügend beachtet und geliebt fühlen. Wir kämpfen dann nicht für die Liebe, sondern wenden die Eifersuchtsmethode an: Wir konfrontieren also die Partnerin mit anderen Frauen, die uns anflirten, uns Anerkennung geben, uns bewundern. Wir spielen dann bewusst mit Zweideutigkeiten, machen Anspielungen, berichten von kleinen Ereignissen, die eifersüchtig machen sollen. Doch tragfähige Gefühle wird man auf diese Weise kaum hervorrufen. Mich erinnert diese Taktik immer an den Versuch, einen Grill mit Benzin anzufachen. Dies endet meist mit einer Explosion. Wenn es zu wenig tragfähige Gefühle in einer Partnerschaft gibt, hilft diese Eifersuchts-Munition ohnehin nicht mehr. In dem französischen Roman »Adolphe« von Benjamin Constant heißt es entsprechend: »Sie glaubte, meine Liebe neu zu beleben, indem sie meine Eifersucht erregte, aber sie schürte nur Asche, die nichts mehr zum Glühen bringen konnte.«

Was kann der Eifersüchtige tun

Der Kern der Eifersucht besteht in der zu großen Abhängigkeit vom Partner. Um eine Veränderung zu erreichen, muss daher der Eifersüchtige versuchen, stärker sein eigenes Leben zu führen. Ich habe bei dieser Problematik oft das Bild vor Augen, dass ein Mensch immer aus dem Fenster seines Hauses schaut, während die eigene Wohnung nicht richtig eingerichtet ist, die Möbel etwas verschlissen und alle Zimmer renovierungsbedürftig sind. Dabei sind die Räume schön, alles ist geschmackvoll ausgesucht, doch der Wohnungsinhaber kümmert sich zu wenig um sein Zuhause, er sitzt selten gemütlich im Sessel, denn er ist zu sehr mit der Außenwelt beschäftigt. Er müsste sich viel mehr um sich selbst kümmern, damit er sich in seiner Innenwelt wohlfühlt. Doch die Eifersucht treibt ihn immer wieder nach außen, sie hat eine regelrecht unheilvolle Dynamik. Er ist viel zu sehr an den Partner gebunden, weil er immer wieder dessen Zustimmung und Liebe sucht. Das hängt stets mit massiven Defiziten in der Kindheit, aber auch einer misslungenen Ablösung vom Elternhaus zusammen.

Es gibt eine Erkenntnis der Kinderpsychologen: Wir können uns nur ablösen, wenn wir genügend Liebe bekommen haben. Schauen Sie sich einmal Kinder auf einem Spielplatz an. Sie streben von der Mutter weg, kommen dann nach einigen Minuten wieder, versichern sich der Zuwendung und wenn sie diese bekommen, können sie weiter spielen. Doch eifersüchtige Menschen haben immer zu wenig Liebe bekommen. Insofern ist ihr Ablösungsprozess nicht gelungen.

Aber diese Ablösung, dies Wegstreben von den Eltern im Sinne der Eroberung der Welt ist wichtig für die Entfaltung unserer Persönlichkeit. »Will allein« ist daher bereits der Schlachtruf kleiner Kinder. Sie wollen die Welt erkunden – kommen aber immer wieder zur Mutter zurück und prüfen, ob die sichere Bindung noch besteht. Und wenn sie davon überzeugt sind, können sie wieder stärker auf andere zugehen, sich zunehmend von der Mutter ablösen. Wer genügend Zuwendung, genügend Bestätigung bekommen hat, kann sich auf eine gute Weise ablösen. Wer zu wenig bekommen hat, hängt gewissermaßen immer an der Nabelschnur der Mutter und ist später von der Anerkennung des Partners abhängig, wobei verhängnisvoll ist, dass er sie oft nicht bekommt.

Ablösung – die Hinwendung zum eigenen Leben

Diese Ablösung muss er nachholen, die Abhängigkeit vom Partner verringern. Daher ist es entscheidend, dass der Eifersüchtige begreift, dass sich das Hauptdrama seines Lebens in ihm selbst abspielt. Er ist in der Kindheit zu kurz gekommen, leidet unter großer Unsicherheit, hat aber auch reale Defizite in seiner Lebensbewältigung und verfügt kaum über die Fähigkeit, sich die Liebe und Zuwendung in der Partnerschaft zu erwerben. Es wäre also wünschenswert, wenn der Eifersüchtige einmal innehalten könnte, um sich dem eigenen Leben zuzuwenden. Doch wie soll das gelingen, wenn man zu wenig bekommen hat und ständig bangt, dass die Liebe verlorengeht? Angesichts einer solchen Katastrophenstimmung ist man nicht in der Lage, sein Leben ruhig zu entfalten.

Die Psychotherapie

Nun wissen eifersüchtige Menschen durchaus, dass sie übertreiben, dass ihre Gefühle teilweise problematisch sind. Sie ahnen es zumindest, sind davon aber nicht überzeugt. Sie sind hin- und hergeworfen zwischen dem Ausgeliefertsein gegenüber ihren Gefühlen und der rationalen Erkenntnis. Denn eigentlich sind sie der Meinung, dass sie aktuell zu wenig Bestätigung, zu wenig Liebe bekommen. Deshalb befinden sie sich in einer schweren Krise, die sie nicht selbst lösen können. Und der Partner, den sie ständig misstrauisch beobachten, kann Ihnen dabei auch nicht genügend helfen. Wir verbinden zwar mit jeder Liebesbeziehung immer auch die Hoffnung, dass wir jene Vernachlässigung überwinden können, die wir in der Kindheit erlebt haben. Wir hoffen, dass uns die Liebe des Partners, seine Anerkennung und Zuwendung, heilt. Doch gerade dies gelingt bei der massiven Eifersucht nicht. Denn man sieht ja im Partner den Hauptschuldigen.

Deshalb geht – zumindest bei der massiven Eifersucht – kein Weg an einer Therapie vorbei. Allerdings hat jeder Eifersüchtige eine große Skepsis hinsichtlich einer Psychotherapie. Er vertraut anderen Menschen wenig, wie könnte er sich da auf eine Therapie einlassen? Deshalb schreibt Elias Canetti: »Von allen schwierigen Unternehmungen dieser Welt ist nichts so schwer wie die Heilung des Eifersüchtigen.« Das stimmt, und die größte Aufgabe des Therapeuten besteht deshalb darin, den Eifersüchtigen emotional zu gewinnen.

Herzenswärme ist die Basis

Als Psychotherapeut hat man nur eine Chance, wenn man ernsthaft bemüht ist, einen eifersüchtigen Menschen zu verstehen. Er muss nachvollziehen können, welche Dramen sich in der Kindheit abgespielt haben. Er sollte in der Lage sein, viel Herzenswärme, viel Anerkennung zu geben. Und er sollte die große Skepsis des Eifersüchtigen respektieren und ihm in der Behandlung eine sehr zuverlässige Welt anbieten.

Doch zunehmend wird dann der Therapeut selbst die Überempfindlichkeit, die Eifersucht des Patienten spüren. Die meisten Therapeuten arbeiten sehr gut, sind sehr bemüht und können vielen Menschen helfen. Aber auch die Zuwendung eines Therapeuten ist gelegentlich schwankend, er kann manchmal müde oder krank sein oder er ist noch in Gedanken, weil er eine andere Therapiesitzung noch nicht verarbeitet hat.

Meist ist es ganz harmlos menschlich, wenn ein Psychotherapeut seelisch etwas abwesend wirkt. Doch für einen eifersüchtigen Menschen beginnt fast immer ein Drama. Wie ein Seismograph spürt der Eifersüchtige genau, ob der Therapeut seelisch präsent ist. Und jedes Nicht-beachtet-Werden erlebt er als große Kränkung. Doch wenn er mutig ist, spricht er dies sofort an. Es ist ein wichtiges Ziel der Behandlung, dass eifersüchtige Patienten ihre Gefühle – mehr oder weniger geschickt – ausdrücken lernen. Dass sie lernen, Fragen zu stellen und nicht gleich mit Vorwürfen zu agieren. Insofern ist es ein großer Fortschritt, wenn ein Patient mit leichter Gereiztheit fragt: »Warum sind Sie jetzt nicht richtig da?« Ich hole nach einer solchen Frage erst einmal tief Luft. Psychotherapeuten sind auch nur Menschen, und die Gefahr besteht, dass ich mich rechtfertige. Aber ich habe mir angewöhnt, dass ich auf solche Fragen ehrlich antworte.

Oft antworten Psychotherapeuten auf eine Frage mit einer Gegenfrage: Warum interessiert Sie das? Doch ich finde es wichtig, dass meine Patienten wissen, warum ich manchmal nicht richtig zuhören kann. Sie spüren dann, dass dies mehr mit mir, weniger mit ihnen zu tun hat. Denn meist sind die Gründe sehr harmlos. Ich denke noch an einen anderen Patienten, der lebensgefährlich erkrankt ist. Oder aufgrund einer massiven Hitzewelle habe ich leichte Kreislaufprobleme. Und solche Erklärungen können Patienten sehr entlasten, wenn die Zuwendung ansonsten stabil ist. So sagte eine Patientin einmal zu mir: »Es ist erleichternd für mich zu sehen, dass diese kleinen Beziehungsabbrüche mehr mit Ihnen zu tun haben. Ich dachte früher immer, dass Sie sich von mir zurückziehen würden. Irgendwie hatte alles einen Bezug zu mir ... aber das ist offenbar nicht so. Manchmal sind Sie eben auch überfordert, krank, in Gedanken ... haben einen schlechten Tag. Offenbar sind auch Therapeuten nicht immer perfekt.«

Wir sprachen dann lange über ihre Kindheit, die Unzuverlässigkeit in der emotionalen Zuwendung. Und ihr wurde immer deutlicher, dass der Rückzug anderer Menschen meist nichts mit ihr zu tun hatte. Und diese Erkenntnis konnte sie dann auch auf die Partnerschaft übertragen.

Die zu enge Welt

Die wichtigste Grundlage der Behandlung besteht darin, den Patienten emotional zu nähren. Aber auf dieser Basis hat die Therapie auch die Aufgabe, dem Patienten bei der Überwindung seiner Lebensdefizite zu helfen. Denn die Eifersucht ist – so Elias Canetti – »... eine Verengung der Gedanken und der Luft, als hätte man in einem kleinen Zimmer zu leben, aus dem es kein Entkommen gibt«. Die Therapie hat deshalb immer die Ausweitung des Lebens zum Ziel. Und diese Ausweitung findet paradoxerweise gerade dadurch statt, dass sich der Eifersüchtige mit sich selbst beschäftigen lernt. Das ist die radikalste Antwort auf jene Eifersucht, bei der man sich ständig innerlich um den Partner dreht. Daher sollte sich der Eifersüchtige auch mit seinen eigenen Interessen, seinen Gefühlen, auch seiner Kindheit auseinandersetzen. Denn wenn man die Kindheit des massiv eifersüchtigen Menschen kennenlernt, wird bald deutlich, dass er sich nie mit sich selbst beschäftigten durfte. Die Mutter wurde früh krank oder sie war so unruhig, dass sie alle Aufmerksamkeit auf sich zog. Vielleicht war der Vater Alkoholiker oder so dominant, dass das Kind immer Angst vor ihm hatte. So entstand eine unruhige Stimmung, die dazu führte, dass im Kind ein sehr feines Alarmsystem entstand. Oft hörte es schon am Schritt der Mutter, wie es ihr ging. Es hatte den siebten Sinn ausgebildet. Und in dieser unruhigen Familienatmosphäre bekam das Kind zu wenig, seine innere seelische Struktur blieb brüchig. Und so gelang ihm der Aufbau des eigenen Lebens kaum. Denn wie will man ein Haus bauen, wenn der Untergrund locker ist? Deshalb hat in der Therapie die emotionale Stabilisierung Vorrang. Doch dann sollte der Therapeut dem Eifersüchtigen auch helfen, eigene Lebensziele entschlossener zu verfolgen und sein eigenes Leben aufzubauen.

Was füllt uns wirklich aus?

Die Therapie darf nicht nur aus schönen Worten bestehen. Sie ist vielmehr eine Hilfe zur Selbsthilfe. Der Therapeut muss den Eifersüchtigen dabei unterstützen, »seelische Flügel« zu entwickeln, damit er in die Welt hinaus expandieren kann. Denn eines ist klar: Man kann Eifersucht nicht mit dem Verstand heilen. Worte reichen nicht aus. Das wäre so, als wollten Sie einen Großbrand mit der Gießkanne löschen. Dies erkannte auch der holländische Philosoph Spinoza, der als Spezialist für Affekte und deren Überwindung galt. Er war der Meinung, dass man einen Affekt nur durch einen wichtigeren Affekt überwinden kann. Deshalb braucht der Eifersüchtige neue Ziele, neue Lebensinhalte. Man hat doch manchmal den Eindruck, dass die Eifersucht sein wichtigstes Lebensinteresse ist. Dies macht verständlich, dass man Eifersucht nicht einfach wegtherapieren kann, denn sie ist in diesem Moment ein bedeutender Lebensinhalt. Deshalb haben alle Affekte ein großes Beharrungsvermögen. Man kann also die Eifersucht nur durch andere Affekte verändern, die uns wichtiger sind. Und es muss etwas Lustvolles sein, das uns ausfüllt. Wir können uns nicht vornehmen, nicht eifersüchtig zu sein. Das wäre wie in diesem lustigen Gedankenexperiment, bei dem wir versuchen, nicht an einen rosa Elefanten zu denken. Probieren Sie das einmal fünf Minuten aus.

Patienten müssen also in der Behandlung ermutigt werden etwas zu finden, das wichtiger ist als die Verlustangst, wichtiger als der Beziehungspartner. Wie schrieb Jane Austen einmal den Frauen ins Stammbuch: Man solle die Männer nicht überschätzen, schließlich gäbe es Berge und Seen.

Sie brauchen also einen neuen Schwerpunkt im Leben, etwas ganz Eigenes, das ganz mit ihrer Person verbunden ist und hauptsächlich von Ihnen abhängt. Eifersucht ist zutiefst ein Gefühl der Ohnmacht, des Ausgeliefertseins. Ich empfehle deshalb allen Patienten, dass sie sich fragen: Was sind die wirklichen Ziele meines eigenen Lebens? Wie könnte ich meine Freundschaften verbessern? Und welche Kinderwünsche hatte ich? Denn Glück gibt es nur als Erfüllung eines Kinderwunsches – meinte Sigmund Freud. Es kommt also darauf an, dass der Eifersüchtige sagen kann: Das wichtigste in meinem Leben bin ich selbst.

Wenn der Eifersüchtige keine Therapie machen will

Im Allgemeinen ahnt der Eifersüchtige, dass er eine Therapie machen sollte. Und gleichzeitig schreckt er davor zurück. Denn er hat natürlich Angst, dass seine Gefühle als verrückt eingestuft werden und hat oft wenig Vertrauen in andere Menschen. Deshalb hat es keinen Sinn, dass man ihn ständig auffordert: du musst eine Therapie machen! Zwar können Sie dem Partner/der Partnerin helfen, indem Sie ihm/ihr dieses Buch geben oder sich nach Therapiemöglichkeiten erkundigen. Doch wenn dies alles nicht hilft, sollten Sie selbst eine Therapie beginnen! Kümmern Sie sich um sich selbst, wenn für Sie die Situation unerträglich wird. Denn es gibt eine Erkenntnis: Wenn ein Partner sich ändert, ändert sich das Gesamtsystem. Wenn Sie mehr Klarheit für sich finden und seelisch stabiler werden, helfen Sie damit auch Ihrem Partner/Ihrer Partnerin.

Der Mantel der Liebe wärmt am besten,
wenn er mit ein bisschen Eifersucht gefüttert ist.

Aus Dänemark

Die fehlende Eifersucht

Ich wundere mich in der Therapie immer wieder, dass Ehemänner nicht mitbekommen, wenn ihre Frau fremdgeht. Warum merken sie nichts? Gibt es denn den perfekten Seitensprung, den wir nicht bemerken? Tatsächlich gibt es heutzutage viele Ratschläge, was man bei einem Seitensprung beachten sollte. Es wird vor allem geraten, dass man nichts ändert. Man sollte möglichst sogar weiter mit dem Ehemann schlafen, man sollte nicht extra abnehmen, sich keine neue Kleidung kaufen, selbst die äußere Stimmung sollte nicht außergewöhnlich sein. Diese Ratschläge wirken simpel, sind aber natürlich sehr schwierig zu verwirklichen. Man hat doch ein leichtes Funkeln in den Augen, wenn der Seitensprung mehr als ein erotisches Abenteuer ist. Und am liebsten würde man jedem erzählen, wie wundervoll das Leben ist. Aber wer einen Seitensprung begeht, muss schweigen. Und so spielt man ein Doppelspiel, viel besser, viel geschickter als jeder Schauspieler. Man erfindet Geschichten, ohne rot zu werden. Sie bringt dem Ehemann weiterhin seine Fußballzeitung, massiert ihm die Füße, lacht über seine Witze. Dadurch wird er regelrecht »eingelullt«, sein Misstrauen wird besänftigt, Eifersuchtsregungen werden unterlaufen.

Kriminalistische Fähigkeiten

Der »Seitenspringer« mag also sehr geschickt sein. Und doch bin ich der Meinung, dass es der Betrogene merken müsste. Der Faden der Nähe reißt immer mehr ab, sie ist innerlich längst an einem anderen Ort, an dem sie glücklich ist. Er müsste spüren, dass sie neben ihm liegt und an einen anderen denkt. Aber vielleicht bekommt er dies nicht mit, weil er sie noch nie richtig gespürt, ihr richtig nahe war. Vielleicht hat er aber auch das Interesse an der Beziehung verloren. Denn es ist fast unmöglich, auf Dauer wirklich unbemerkt einen Seitensprung zu begehen. Vor allem Frauen entwickeln fast kriminalistische Fähigkeiten, um ihren Mann zu überführen. Kontrollanrufe in der Firma, eine Videoüberwachung in der Wohnung, ein Keylogger nimmt alle Tastenanschläge der Tastatur auf. Eine geheime Videoüberwachung ist zwar nicht erlaubt, ein Keylogger ist natürlich illegal, aber Sie können solche Programme als Download in wenigen Sekunden installieren. Sie können so alle E-Mails von ihm lesen und haben auf Dauer sein Passwort. Dann können Sie seinen gesamten Emailverkehr kontrollieren. Doch ich möchte Sie zur Vorsicht mahnen. Wir wissen in einer Partnerschaft nie ganz, was der andere denkt. »Was ich nicht weiß, macht mich nicht heiß«, lautet ein altes Sprichwort. Aber wenn Sie seine E-Mails lesen, bekommen Sie einen tiefen Einblick in sein Gefühlsleben, in seine Liebesschwüre, die möglicherweise einer anderen Frau gelten. Würden Sie das ertragen?

Wie überführt man einen Mann?

Ich habe eine Patientin in Behandlung, die unbedingt ihren Mann überführen wollte. Sie meldete sich im gleichen Internet-Portal an, flirtete virtuell mit ihm, verabredete sich im Cafe und übergab ihm dann die Schlüssel mit der Bemerkung: »Ich ziehe aus – leb wohl«. Aber meist haben wir es einfacher. Beispielsweise ist das Auto eine beliebte Fundgrube für Beweise. Sie können nachsehen, wie viele Kilometer er gefahren ist. Gibt es dafür stichhaltige Gründe? Und wenn Sie unsicher sind, gibt es heute kleine Peilsender, mit denen der Standort des Verdächtigen geortet wird. Noch einfacher ist es natürlich, wenn Sie gelegentlich die Wahlwiederholungstaste am Telefon bzw. seines Handys drücken oder dort anrufen. Wenn Sie mit einem Mann zusammen leben, gibt es sehr viele kleine Spuren, falls er einen Seitensprung begeht. Es gibt die Handyrechnung mit Einzelverbindungsnachweisen, es gibt Kontoauszüge und fast immer pflegen Seitenspringer ihrer Geliebten Geschenke zu machen. Und meist gibt es irgendwo eine Kamera mit verräterischen Fotos.

Die verräterischen Details

Nun werden Sie möglicherweise solche Aktionen für übertrieben halten. Oder Sie fragen sich: »Wie schlecht muss eine Beziehung sein, wie wenig Vertrauen muss vorhanden sein, wenn man zu solchen Maßnahmen greift?« Aber was wollen Sie tun, wenn Sie mit einem sehr attraktiven Partner zusammen leben und gern eine Familie gründen würden? Dann muss man keinen Treuetester beauftragen, der professionell eine Verführungssituation herstellt. Einfacher und oft effektiver ist die Ansammlung von Detailwissen. Er berichtet, in welchem Kinofilm er war und Sie fragen nach einer wichtigen Einzelheit. Oder er sagt, dass er mit Freunden Angeln war und Sie erkundigen sich nach dem Wetter. Wenn er solche Geschichten konstruiert hat, stoßen Sie immer irgendwann auf Ungereimtheiten. Niemand hält eine Lügengeschichte auf Dauer durch. Doch am wichtigsten ist natürlich immer das Bauchgefühl, dem wir vertrauen sollten, wenn wir nicht extrem eifersüchtig sind. Alle Überprüfungen, alle Tests können immer nur einen sehr kleinen Teil des Lebens erfassen. Doch beim Bauchgefühl liegt eine innere Gesamteinschätzung vor. Und wenn Ihre Beziehung halbwegs gut ist, können Sie dieser Einschätzung vertrauen. Ich spüre meist, ob etwas zwischen uns steht, ob die Nähe verlorengegangen ist.

Wenn wir zu wenig eifersüchtig sind

Tatsächlich ist die Nähe in jeder Partnerschaft immer wieder gefährdet. Es gibt Enttäuschungen, Konflikte, Verletzungen, man zieht sich gelegentlich zurück. Oft wartet dann jeder darauf, dass der andere die ersehnte Nähe wieder herstellt. Gelegentlich macht ein Partner eine halbherzige Annäherung, die ihm schwerfällt und wird zurückgewiesen. Und irgendwann hat man von diesem »Spiel« genug, man will nicht mehr verletzt werden, gibt alle Hoffnungen auf, ist in die innere Emigration gegangen. Trotzdem trennt man sich nicht, denn dazu gibt es zu viele Gemeinsamkeiten. Man hat das schöne Haus, man erzieht zusammen die Kinder und tritt nach außen als das perfekte Paar auf. Und man hat auch keine Perspektive für eine bessere Beziehung. Warum sollte man sich trennen? Man beruhigt sich mit dem Gedanken, dass andere Ehen auch nicht besser sind. Vor allem Männer arrangieren sich, sie verdrängen ihre Gefühle und spüren nicht, was sich hinter ihrem Rücken abspielt. Aus mangelndem Lebensmut und einem zu geringen Selbstbewusstsein passt man sich an.

Und in dieser Situation will man oft nicht mehr wissen, ob der andere treu ist. Lesen Sie einmal den Roman »Anna Karenina« von Tolstoi. Dort schreibt er über die betrogene Dolly, die jedes Interesse an ihrem Ehemann verloren hatte. Sonst hätte sie sich trennen müssen, das gewohnte Familienleben hätte sie verloren. Deshalb ließ sie sich hintergehen und verachtete ihn dafür, vor allem aber sich selbst. Aber nicht nur die eigene Selbstachtung leidet, wenn man nicht eifersüchtig ist. Auch die Partnerschaft leidet, wenn überhaupt noch etwas gegenseitiges Interesse vorhanden ist.

Ein Mangel an Eifersucht wird vor allem von Frauen als fehlende Wertschätzung, aber auch als eine grundsätzliche Gefühllosigkeit beklagt. Eine Patientin berichtete: »Wenn ich mal einen anderen Typen anschaue, das interessiert meinen Mann nicht. Eifersucht ist für ihn ein Fremdwort. Kürzlich habe ich bei einem Fest einem anderen Mann ein wenig mehr in die Augen gesehen – für ihn kein Thema. Der schaltet einfach Gefühle aus. Das ist doch nicht normal.« Zu Recht wird ein Mangel an Eifersucht als Lieblosigkeit empfunden. Doch viele Männer begreifen dies nicht und sehen es als Vorzug an, nicht eifersüchtig zu sein. So gaben in einer von mir durchgeführten Umfrage 34 Prozent der Männer an, keine Eifersucht zu spüren. Und darauf waren sie sehr stolz. Ein Patient meinte fast aufgebracht: »Ich finde Eifersucht albern. Es ist doch wie im Kino … Es ist alles eine völlige Übertreibung, man macht sich doch lächerlich.«

Die Verdrängung der Eifersucht

Nun ist durchaus verständlich, dass Männer nicht gern eifersüchtig sind. Wir Männer haben den Anspruch, dass wir unabhängig und stark sind. Doch niemals sind wir ungeschützter und verletzlicher als in der Liebe. Deshalb reagieren wir so eifersüchtig, wenn wir den Verlust des geliebten Partners befürchten müssen. Und dies Warnsignal der Eifersucht ist wichtig, damit wir rechtzeitig und angemessen auf die Gefahr des Liebesverlustes reagieren können. Wer der Überzeugung ist, noch nie Eifersuchtsgefühle empfunden zu haben, verdrängt dieses Warnsignal. Er hat die Alarmanlage abgestellt, die ihn gestört hat. Doch ungestraft stellt man keine Alarmanlage ab: Es sind nicht nur die »Einbrecher«, die sich nun im persönlichen Leben ausbreiten können. Vielmehr führen die verdrängten Affekte ein Eigenleben. Schon Sigmund Freud vertrat die Meinung, dass die Verdrängung der Eifersucht zu massiven Störungen führt. Deshalb ist es erstaunlich, dass es auch heutzutage kaum Bücher gibt, in denen die Eifersucht als sinnvoll geschildert wird. In den achtziger Jahren erschienen zwei solcher Bücher: Nancy Friday schrieb ein sehr umfangreiches Buch über die Eifersucht, in dem sie fordert: »Wir müssen uns endlich bewusst werden, dass Gefühle der Eifersucht nicht mehr versteckt oder verdrängt werden dürfen, sondern als eine der stärksten menschlichen Triebfedern akzeptiert und positiv ins Leben integriert werden müssen.«[8] Und auch Hildegart Baumgart betont in »Formen der Eifersucht«, die Eifersucht gehöre zur Liebe, sei ihre dunkle Seite, der man sich stellen müsse. Doch ansonsten wurde die Eifersucht auch in akademischen Kreisen verdrängt und abgewertet. Und noch heute wird dieses Thema vernachlässigt. Schauen Sie einmal bei Amazon nach. Dort finden Sie unter dem Stichwort Sexualität 4000, unter dem Stichwort Ängste sogar 6000 Bücher. Aber es gibt im Bereich Ratgeber nur 155 Titel zum Thema Eifersucht – die fast alle veraltet sind.

Die fehlende Aggressionsbereitschaft

Die Verdrängung der Eifersucht ist verhängnisvoll. Denn sie hat meist zwei Ursachen. Es liegt vor allem eine große Aggressionsgehemmtheit vor. Man fordert zu wenig in der Partnerschaft, lässt alles schicksalhaft über sich ergehen (»was soll ich denn tun?«), man kann sich nicht auseinandersetzen, man verfügt über keinen konstruktiven Umgang mit Konflikten. Dies Verhalten mag manchmal sehr verständnisvoll, ja fast edel wirken. Aber letztlich gibt es doch immer zerstörerische Reaktionen. Man kann sich zwar nicht wehren, aber man blockiert den anderen, zieht sich zurück und kämpft mit indirekten Mitteln. Auch dies ist eine Form von Aggression. Und vor allem handelt man autoaggressiv, selbstzerstörerisch. Man nimmt nicht nur seine Wünsche nach Liebe und Bestätigung zurück. Man zweifelt stark an sich, wird krank. Kurz gesagt: man schwächelt. Der Berliner Psychoanalytiker Schultz-Hencke mahnte daher eindringlich: »Man hat dann den Eindruck, es wäre besser um diese Menschen bestellt, wenn sie eifersüchtig wären, dafür aber sonst produktiver. Denn die Kräfte, die bei ihnen in Gestörtheit des Lebensgefühls gebunden wurden, wären besserer Verwendung wert. Mehr noch, die verdrängte Eifersucht fließt dann oft in völlig zerstörerische Bahnen ab. Mag diese Zerstörung sich auch nur darin äußern, dass ein Pessimismus unbekannter Herkunft das Quellen produktiver Kräfte lähmt …

Aus diesen Gründen wäre ein gewisses Maß an bewusster Eifersucht zu empfehlen … Sie ist im Ganzen des Lebens gesehen viel fruchttragender als die schwelende im Schatten der Seele.«[9]

Was uns immer bei den Eifersuchtsverdrängern auffällt ist die Tatsache, dass sie nie ganz lebendig sind. So jedenfalls wirkt der Landarzt Charles Bovary auf uns, den Flaubert in seinem Roman Madame Bovary beschreibt. Seine Frau ging ständig fremd, er merkte nichts. Denn er hatte nicht die Fähigkeit zur Eifersucht. Er hatte eine sehr überwältigende Mutter, war sehr gehemmt und schüchtern. Es fehlte ihm das Gefühl, die eigene Ehe verteidigen zu müssen. Er war zu angepasst, zu schicksalsgläubig. Kurzum: er war zu gehemmt. Und diese Hemmung zieht sich durch das ganze Leben solcher Menschen. Sie fordern keine Gehaltserhöhung, sie beschweren sich auch nicht, wenn man ihnen im Gemüsegeschäft eine faule Tomate andreht.

Manchmal hat man regelrecht den Eindruck, dass sie nie wirklich leben, sondern das Leben aus einer großen Distanz beobachten. So jedenfalls kam es mir auch bei einem Lehrer vor, der immer betonte, er sei nicht eifersüchtig. Zwar verliebte sich seine Frau in einen anderen Mann und bekam sogar ein Kind von ihm. Trotzdem hat er das Kind adoptiert. Sein Verhalten könnte man als sehr reif, als erwachsen, als großzügig bezeichnen. Doch seine Gelassenheit wirkte auf mich immer problematisch. Natürlich sollen wir im Leben verzeihen können, es ist ein Zeichen seelischer Größe, wenn wir manchmal nicht zu eifersüchtig sind. Aber das sollte immer das Endergebnis eines schmerzhaften Prozesses sein, in dem wir durchaus wütend und gekränkt sind. Doch wenn wir immer sofort alles verstehen und verzeihen, wehren wir diese Gefühle ab. Wir legen dann eine Distanz zum Leben ein, als ob wir es aus einer Theaterloge beobachten würden.

Und dieser Eindruck bestätigte sich, als ich den Lebenslauf dieses Lehrers erfragte. Er war immer unsicher, seine Entscheidungen waren blass. Zwar konnte er das Studium erfolgreich abschließen, aber er kann sich heute in der Klasse nicht durchsetzen, hat keine starken Interessen, ist oft müde, er selbst sagt, das Leben würde ihm durch die Finger gleiten. Ich weiß nicht, was ich will – sagt er immer wieder. Doch wie soll er das wissen, wo er die Verbindung zu seinen innersten Gefühlen verloren hat, eigentlich nie fand. Sein Vater war meist nicht da, seine Mutter war kühl-dominierend, er hat frühzeitig begriffen, dass er für sich allein sorgen muss. Zwangsautonomie nennen wir das – wenn sich ein Kind zu früh abnabeln musste, weil die Außenwelt zu versagend war. Dann ist man später natürlich nicht eifersüchtig, weil man zu wenig von der Welt erwartet und sich auch dann arrangiert, wenn es für einen selbst verletzend ist.

Die Angst vor Abhängigkeit

Doch neigen wir nicht alle oft dazu, schmerzhaften Gefühlen aus dem Weg zu gehen? Und die Eifersucht ist ein solches schmerzhaftes Gefühl. Vor allem in der Kindheit ist die Eifersucht oft unerträglich. Wir spüren dann, wie abhängig wir sind, wenn wir uns nach Liebe sehnen. Und besonders dramatisch ist dies bei der Eifersucht gegenüber Geschwistern. Wenn wir etwas älter sind, können wir auf diese Eifersucht mit der Expansion nach außen antworten. Man kann sich andere Freunde suchen, neue Wege gehen. Aber in der frühen Kindheit ist dies kaum möglich, deshalb ist diese Eifersucht so schlimm. Das führt zu dem Versuch, jede Abhängigkeit von anderen Menschen zu vermeiden, um keine Eifersuchtsgefühle mehr erleben zu müssen. Das Streben nach Unabhängigkeit wird dann schon bei Kindern zum wichtigsten Lebensziel. Das schließt später Liebesbeziehungen nicht aus. Aber man achtet dann auch in einer Partnerschaft auf eine ausreichende Distanz. Scheinbar zufällig findet man immer distanzierte Männer – oder sie leben weit entfernt oder sind verheiratet. Doch immer steckt dahinter das Lebensmotto: Je weniger mir der andere bedeutet, desto weniger kann er mich verletzen. Eine leidenschaftliche Liebe entsteht so natürlich nie. Und der Partner merkt schon am Beginn einer Beziehung, dass dieser Eifersüchtige auf die emotionale Bremse tritt und das Zusammensein nicht als Partnerschaft ansieht. Oder man zieht nie zusammen, trifft sich nur an wenigen Tagen in der Woche. Auf diese Weise wird die Abhängigkeit vermieden, die sich sonst ergeben könnte. Man handelt wie ein vorsichtiger Kaufmann und verteilt sein Lebenskapital auf viele Menschen. Eifersüchtig ist man dann kaum. Aber man läuft immer Gefahr, dass man verlassen wird, weil man zu wenig emotionale Bindungen herstellt.

Der gekränkte Stolz

Neben der Hemmung und dem Sicherungsmuster »Distanz« gibt es noch eine andere Ursache für die Verdrängung der Eifersucht: es ist die Kränkung. Jede Eifersucht ist eine Kränkung für mein Selbstwertgefühl. Und dies ist insbesondere mit dem schwankenden Selbstgefühl vieler Männer nicht zu vereinbaren. Sie suchen immer nach Bestätigung, denn in der Kindheit wurden sie häufig zu wenig beachtet und geliebt, gleichzeitig wurde viel von ihnen erwartet. Deshalb stellen sie an sich hohe Ansprüche und spüren zugleich, dass sie innerlich keine wirkliche Stabilität besitzen. Ihr Lebensgefühl gleicht so dem eines Seiltänzers, der ständig auf die Anerkennung, den Applaus der »Zuschauer« angewiesen ist. Sie legen immer großen Wert darauf, ihre Selbstachtung aufrechtzuerhalten. Wie sie in den Augen der anderen wirken, dass sie stark und perfekt sind, spielt für sie eine entscheidende Rolle. James Bond, Supermann, Tarzan, Old Shatterhand – dies sind die Idole, denen solche Männer nachstreben. Und es versteht sich von selbst, dass man dann nicht eifersüchtig sein darf. Denn Eifersucht ist das Eingeständnis, sehr von einem geliebten Menschen abhängig zu sein.

Aber gerade diese Männer geraten dann in eine dramatische Krise, wenn sie plötzlich realisieren, dass es einen Rivalen gibt. Frauen holen sich leichter Hilfe und klagen. Doch Männer sind oft geradezu kopflos – das erlebe ich fast täglich in meiner Praxis. Es kommen immer wieder Männer zu mir, die völlig außer sich sind. Sie sind nicht nur gekränkt, sie sind fassungslos. Sie haben ihre innere Sicherheit verloren: »Ich habe immer geglaubt, dass ich nicht eifersüchtig bin, dass ich da drüber stehen würde. Ich wusste, dass mich ein Seitensprung einer Frau schon stören würde. Aber ich dachte, ich würde mich dann wie ein Hund schütteln, der aus dem Wasser kommt. Ich hatte immer den Spruch: Die Karawane zieht weiter. Dass mich das so treffen würde, hätte ich nicht gedacht. Und vor allem habe ich immer gedacht: Ich betrüge die Frauen, jedenfalls habe ich nie etwas ausgelassen. Ich lasse nichts anbrennen, das war mein Motto. Aber dass mich eine Frau betrügt, das habe ich nie geglaubt. Irgendwie bin ich so fassungslos, als ob sich unter meinem Fußboden eine Klappe geöffnet hätte«, so ein Manager. Ihm geht es jetzt genau so wie Karenin, den Tolstoi in seinem Roman »Anna Karenina« beschrieben hat. Er ist erschüttert, als er von seiner Frau hört, dass sie Wronsky liebt. Karenin war bisher nie eifersüchtig: »Weil er in seinem Herzen jenes Geheimfach verschlossen und versiegelt hatte, wo er seine Gefühle für seine Familie, das heißt für seine Frau und seinen Sohn, aufbewahrt hatte.«[10] Für ihn ist die Eifersucht ein beschämendes Gefühl, dem er nicht mehr ausweichen kann. Und so fühlt er sich plötzlich wie ein Mensch, der seelenruhig auf einer Brücke über einen Abgrund gegangen ist und nun realisiert, dass diese Brücke nicht existiert. Denn die Brücke war das künstliche Leben, das er bisher führte. Und nun musste er sich in seine Frau hineinversetzen, in ihre Welt der Gedanken, ihre Wünsche und war völlig verunsichert.

Mord und Totschlag

Allerdings ist die Verdrängung der Eifersucht nicht nur ein individuelles Problem. Die Menschheit stand Affekten immer skeptisch gegenüber. Zu gefährlich war es, ihre Kräfte ungesteuert auszuleben. Im Mittelalter waren deshalb sowohl die Eifersucht als auch der Seitensprung geächtet. Eifersucht konnte zu Mord und Totschlag führen, sie war ein gewaltiger Unruhefaktor in jenen Gemeinschaften, in denen jeder jeden kannte. Das Funktionieren dieser Gemeinschaften hing sehr stark davon ab, dass man den Seitensprung verbot. Wenn dies aber nicht gelang, musste man zumindest die Eifersucht einschränken. Also wurde diese lächerlich gemacht oder als Todsünde gebrandmarkt. Ein souveränerer Umgang mit der Eifersucht war erst möglich, als man in größeren Gemeinschaften lebte. Vor allem in Großstädten kann man sich eher aus dem Weg gehen. So leben wir heute in drei Lebensbereichen: dem Beruf, der Liebe und den Freundschaften. Insofern können wir uns heutzutage vom Partner bzw. der Partnerin trennen und treffen diese oft ein Leben lang nicht mehr.

Zudem hat die Menschheit inzwischen gelernt, etwas besser mit Affekten umzugehen. Sigmund Freud hat einmal gemeint, der Fortschritt der Kultur würde darin bestehen, dass man sich beschimpft und nicht mehr umbringt. Dies ist tatsächlich eine wichtige Entwicklung. Schließlich muss es gelingen, die mörderischen Impulse der Eifersucht einzudämmen. Leicht ist dies natürlich nicht, denn die Eifersucht wird immer wieder durch einen massiven Konflikt geschürt:

- Wir müssen einen anderen Menschen lieben, seine Entwicklung fördern, damit eine Partnerschaft möglich ist.
- Aber wir müssen protestieren, wenn der Partner uns die Grundlage der Nähe entzieht, sich anderen Menschen zuwendet und damit alle Bemühungen einer gemeinsamen Beziehung zunichte macht.

Stellen sie sich einmal vor, Sie würden mit einem Geschäftspartner gemeinsam eine Fabrik aufbauen. Sie haben einen Vertrag geschlossen, um die Grundlage ihrer Geschäftsbeziehung schriftlich zu fixieren. Selbstverständlich müsste sich dann jeder mit voller Kraft für die Entwicklung der gemeinsamen Fabrik einsetzen. Dies bedeutet nicht nur, dass man dort seine Zeit verbringt. Wir würden erwarten, dass jeder seine Erfahrungen einbringt, sich für diese Fabrik engagiert, Zukunftskonzepte entwirft. Doch stellen Sie sich einmal vor, ein Teilhaber würde nach heftigen Konflikten heimlich eine neue Fabrik mit einem anderen Geschäftspartner aufbauen, die ähnliche Produkte vertreibt. Und dies genau passiert bei der Untreue, sie ist ein Verstoß gegen alle Geschäftsbedingungen.

Natürlich ist ein Seitensprung verständlich, wenn die Zusammenarbeit bereits völlig gescheitert ist. Im Geschäftsleben haben wir dafür konkrete Anhaltspunkte: Man redet nicht mehr miteinander, die Kommunikation bricht zusammen, es sinkt die Produktivität, die Firma macht nur noch Verluste, Arbeiter müssen entlassen werden, schließlich muss das Unternehmen Konkurs anmelden. Doch diese klaren Kriterien gibt es für eine Liebesbeziehung nicht. Wenn wir die oft leisen Signale der Liebeskrise überhören, gibt es nur den schrillen Alarm der Eifersucht, der einer Mobilmachung entspricht. Wenn wir diesen Alarm auch noch ausstellen, sind wir allen Entwicklungen hilflos ausgeliefert. Meist resignieren wir dann hinsichtlich unserer Liebesansprüche. Und diese Resignation können wir nur vermeiden, indem wir uns aufregen. Alle Affekte enthalten immer einen großen Wutanteil. Das kann man doch mit mir nicht machen – ist die Hauptbotschaft der Eifersucht. durch die Wut heben wir jene Abwertung auf, die uns durch den Seitensprung des Partners zugefügt wurde. Wenn wir diesen Alarm abstellen, werden wir zu einem zahnlosen, schlafenden Tiger. Wir spüren nichts mehr, passen uns an und reagieren irgendwann völlig unberechenbar, wenn wir vom Unglück überrannt werden.

Die fehlende Wertschätzung

Wenn wir das Alarmsignal Eifersucht ausschalten, können wir die zugrundeliegenden Konflikte nicht bewältigen. Doch wir müssen schon lernen, mit den Grundkonflikten des Lebens umzugehen, die darin bestehen, dass wir den anderen brauchen, auf ihn angewiesen sind, gleichzeitig aber eigene Wünsche haben, die oft nicht in Erfüllung gehen. Es hat wenig Sinn, diese Konflikte zuzukleistern und die Affekte zu dämpfen. Damit reduzieren wir nur unsere Lebenskräfte. Das wäre so, als würden wir die Geschwindigkeit aller Autos auf ein Fußgängertempo herabsetzen, weil gelegentlich ein Unfall passiert. Wir nehmen dann nicht zur Kenntnis, dass meist die Fahrer das Auto nicht richtig beherrschten, die Fußgänger unachtsam waren. Wir erkennen das Problem nicht, wollen es nicht überwinden, sondern entscheiden uns für die Konfliktlösung: Verlangsamung des Lebens.

Natürlich ist es nicht einfach, das Affektpotential der Eifersucht zu steuern. Eine Kollegin berichtete mir kürzlich von ihrem Exfreund: »Er erzählte mir mit einem süffisanten Lächeln, er habe nach dem Sport mit einer Freundin zusammen geduscht und sie sogar eingeseift! Ich war gerade dabei, mir ein Mineralwasser einzugießen und in einer spontanen Reaktion drehte ich die Flasche um und gab ihm eine zweite Dusche.« Ihr Exfreund habe dann wie ein begossener Pudel vor ihr gesessen und sei ziemlich wütend geworden. Sie habe dies aber nie bereut. Sie war froh, dass sie ihre Gefühle so spontan äußern konnte. Manchmal fliegen in Partnerschaften auch Tassen und Teller, Türen werden zugeknallt, man beschimpft sich. Das hat häufig ein zerstörerisches Potential. Doch ein Ausweichen vor diesen kraftvollen Affekten ist trotzdem immer verhängnisvoll. Das Leben wird dadurch zwar friedlicher, aber um seine Kraft beraubt.

Auf diesen Zusammenhang hat auch der Kulturwissenschaftler Claude Lévi-Strauss hingewiesen, der zwischen den warmen und den kalten Kulturen unterscheidet. Die kalten würden mehr Wert auf eine langsame Entwicklung, auf die Konstanz des Lebens legen. Man orientiere sich am Zyklus der Natur. Doch heiße Kulturen würden Wert auf das Gesetz der Entwicklung legen. Hier gäbe es Affekte und Konflikte. Gesellschaftliche Spannungen würde man als Anregung und Herausforderung, weniger als Störung begreifen. Hier fände wirkliches Leben und Entwicklung statt, während die kalten Gesellschaften ereignislos wären.

So gesehen ist es immer problematisch, wenn die Eifersucht gesellschaftlich abgelehnt wird. Beispielsweise gab es in den sogenannten sozialistischen Ländern nie ein wirkliches Verständnis für dieses »Laster«. Die Eifersucht passte nicht in das Menschenbild dieser Länder, in denen man sich aufgeklärt gab. Man wollte nicht nur das Eigentum an Produktionsmittel aufgeben, man stand auch der Treue skeptisch gegenüber, weil man auch dort ein Eigentum am Partner vermutete. Man handelte nach dem Motto von August Strindberg: »In der Liebe gibt es kein Eigentumsrecht.« Und das war auch die Überzeugung der Studentenbewegung. Wer noch vor 20 Jahren von »meiner« Frau oder »meinem« Mann sprach, wurde belächelt. Das war ein Besitzdenken, das man überwinden wollte. Damals war man überzeugt, dass es in der Südsee »primitive« Völker gibt, die keine Eifersucht kennen. Man griff gern auf die Erkenntnisse des polnischen Sozialforschers Bronisław Malinowski zurück. Zufällig befand sich dieser auf den Trobriand-Inseln, als der Erste Weltkrieg ausbrach. Daraufhin wurde er von der britischen Kolonialmacht als Kriegsgegner interniert. Nun hatte er viel Zeit und konnte unbehelligt seine Forschungen betreiben. Er war davon beeindruckt, dass die Sexualität nicht verdrängt wurde, sondern zum Alltag gehörte. Die Kinder würden lange gestillt, sie würden sehr viel Fürsorge und Zuwendung erfahren, es gäbe keine Trieb- und Leibfeindlichkeit. Es gab Häuser, in denen die Jugendlichen die Sexualität spielerisch ausprobieren konnten. So seien die Trobriander ein glückliches, lebensfrohes und friedliches Volk, das keine Gewalt, keinen Krieg kennen würde.

Eifersucht würde bei den Trobriandern kaum eine Rolle spielen. Zu einer ähnlichen Auffassung kam schließlich die amerikanische Anthropologin Margret Mead. Sie war überzeugt, dass viele sexuelle Rollen eher das Ergebnis kultureller Prozesse seien. Auf der pazifischen Insel Samoa beobachtete sie sechs Monate lang 67 Mädchen und kam zu dem Ergebnis, dass es dort eine sehr entspannte, glückliche Sexualität gab. Auf diese Forschungen berief sich die Studentenbewegung, man war nun überzeugt, dass die Eifersucht anerzogen und nicht angeboren sei. Wir seien eben emotionale Krüppel und könnten nicht richtig lieben. Und man erwähnte gern die Großzügigkeit der Eskimos, wo dem Gast die eigene Ehefrau angeboten wurde. Offenbar muss das Verhältnis der Geschlechter nicht so sein wie bei uns. Diese Einschätzung führte nun zu einer grundlegenden Skepsis gegenüber der Eifersucht, die man als störend empfand, weil sie die sexuelle Freizügigkeit behinderte. Man hatte einfach eine falsche Einstellung zu den Seitensprüngen des Partners, war zu engstirnig, dachte nur an sich. Das lag dann immer am fehlenden Selbstwertgefühl und den zu starken Verlustängsten.

Doch bereits in den achtziger Jahren gab es kritische Stimmen. Sie vermuteten, dass bei diesen Feldforschungen unsere Erwartungen einer heilen Welt zu großen Einfluss gehabt hätten. So erschien 1983 ein Buch von Derek Freeman, der vor allem Margaret Mead vorwarf, sie sei der Illusion eines Südsee-Idylls erlegen. Er lebte selbst mehrere Jahre auf Samoa und fand erheblich mehr Konflikte. Er war der Meinung, dass Mead von den einheimischen Informanten nicht die Wahrheit erfuhr, da sie eine Fremde war, die zudem die Sprache nicht beherrschte. Man habe ihr erzählt, was sie hören wollte. So blendete sie die gewalttätige Seite der samoanischen Gesellschaft konsequent aus. Eifersuchtsgefühle nahm sie nicht wahr.

Die neue Eifersucht

Inzwischen gibt es seit zehn Jahren eine neue Bewertung der Treue. Sie wird wieder als wichtig und notwendig empfunden. Damit steigt auch die Bereitschaft, sich zur Eifersucht zu bekennen. Im Laufe von fünf Jahren hat sich die Zahl der Patienten verdoppelt, die wegen Eifersuchtsproblemen zu mir kommen. Und in den letzten drei Jahren hat sich die Zahl der Presseanfragen, Rundfunk- und Fernsehanfragen ebenso verdoppelt. Mein Buch »Das Geheimnis der Treue« ist auf ein ungewöhnliches Echo gestoßen. Treue ist offenbar wieder ein Wert geworden, denn wir suchen eine verlässliche Partnerschaft. In einer Welt, die immer anonymer und unberechenbarer wird, suchen wir Schutz und Sicherheit in einer Liebesbeziehung. Insofern wird Treue für uns immer wichtiger. Denn jede Liebe tendiert immer zur Ausschließlichkeit. Und zu Recht meinte deshalb der Psychoanalytiker Max Marcuse: »Wen wir lieben, den wollen wir auch besitzen.« Mancher wird dies zwar für neurotisch halten und für Besitzdenken, aber ich halte dies für den Ausdruck einer starken Liebe. Was wir lieben, wollen wir behalten und bewahren. Und wir wollen in der Liebe einzigartig sein.

Etwas Besonderes sein

Wir leben in einer Kulturwelt, in der wir das Bewusstsein haben, etwas Besonderes zu sein. Wir sind herausgetreten aus dem Kollektiv – wir sind Persönlichkeiten! Und dazu gehört, dass ich meine eigene Individualität spüre. Man müsse den Unterschied zu anderen Menschen erkennen, heißt es bei Ludwig Feuerbach. Und genau dies erwarten wir in der Liebe. Dort wollen wir spüren, wie unverwechselbar wir sind. Doch wenn der Ehemann mit einer anderen Frau flirtet, sie umgarnt, mit ihr schläft, dann bin ich in einem ganz wesentlichen Teil des Lebens austauschbar. Deshalb ist die Eifersucht so verständlich, so normal, so wichtig.

Zwei Dinge sollen Kinder
von ihren Eltern bekommen:
Wurzeln und Flügel.«

J. W. von Goethe

Kindheit und Eifersucht

Die Überwindung der massiven Eifersucht ist nur möglich, wenn wir stärker und selbstbewusster werden. Und wir müssen zu uns selbst finden. Gewissermaßen müssen wir zum Mittelpunkt unseres eigenen Lebens werden. Und das geht nur, wenn wir uns selbst besser kennenlernen, in unsere Kindheit eintauchen und unsere Vergangenheit erforschen. Denn hier liegen die Ursprünge für unsere massive Eifersucht und unser schwankendes Selbstwertgefühl. Können Sie sich noch an jene Kindheitserlebnisse erinnern, die so verunsichernd waren? Oder haben Sie diese vergessen, sich daran gewöhnt wie ein Küstenbewohner an Ebbe und Flut. Oft wird dann vieles für uns normal, was doch verunsichernd war und jetzt zur Tragik der Eifersucht beiträgt. Deshalb ist es wichtig, dass wir uns eine neue Orientierung erarbeiten. Lassen Sie uns also gemeinsam überlegen: Wie müsste eine Erziehung aussehen, damit später ein Erwachsener nur in einem gesunden Maß eifersüchtig ist.

Eine gute Kindheit

Damit wir als Erwachsene wenig eifersüchtig sind, müssen wir vor allem ein großes seelisches Urvertrauen erworben haben. Dazu sind tausende positive Bindungserfahrungen in der Kindheit notwendig, in denen wir erleben, dass wir erwünscht sind, dass man sich um uns kümmert, sich sorgt. Wir müssen immer wieder die Erfahrung machen: Meine Eltern sind für mich da, wenn ich sie brauche, sie gehen auf meine Bedürfnisse ein. Viele von uns haben dies nicht in ausreichender Weise erlebt. Gerade deshalb fasziniert es mich immer wieder, wenn ich heutzutage jungen Müttern und Vätern zuschaue. Sie versuchen mehr auf die Kinder einzugehen, als dies noch meinen Eltern möglich war. Wenn ihre Kinder mit ihnen reden, wenn sie zum ersten Mal die Türklinke runter drücken, die Treppe hoch gehen, wenn sie singen, ein neues Wort sprechen können – immer haben fast alle Eltern jenes Leuchten, jene Freude in den Augen, die das Kind bestätigt. Denn für diese Eltern sind Kinder das Wichtigste auf der Welt. Ständig besteht ein innerer Draht zum Kind, selbst nachts werden Eltern wach, wenn irgendetwas nicht stimmt. Diese verlässliche Zuwendung führt im Kind zu einem inneren, seelischen Fundament, und allmählich entsteht dann auch sein Selbstbewusstsein.

Das Ich entsteht aus dem Du

So wie eine Pflanze Licht, Nährstoffe und Wasser benötigt um zu wachsen, brauchen Kinder Liebe, gute Vorbilder und vor allem: sehr viel Anerkennung. Denn man kann die Entwicklung von Kindern auf eine kurze Formel bringen: Das Ich entsteht aus dem Du. Ein Mensch mit einem starken Ich, der wenig eifersüchtig ist, hat lange Zeit ein liebendes »Du« gehabt, hat sehr viel Zuwendung bekommen. Es ist in ihm ein festes inneres Fundament entstanden, so dass er innerlich unabhängig wurde. Dies hat der Soziologe David Riesmann einmal als den innengeleiteten Typ beschrieben. Dieser lebt so, als hätte er einen inneren Kompass in sich und ist daher nicht ständig auf die Anerkennung seiner Mitmenschen angewiesen. Solch eine innere Unabhängigkeit hat Sigmund Freud immer sehr bewundert. Er meinte, dass solche Menschen wie ein Wissenschaftler vorgehen. Auch wenn bei einem Versuch ein Reagenzglas springt, wenn Qualm entsteht, suchen sie eine Erklärung und forschen weiter. Sie haben jene Nähe zu sich selbst, dass sie sich von den Schwierigkeiten der Welt nicht zu sehr irritieren lassen.

Die notwendige Ablösung

Wenn Kinder dann genügend Anerkennung getankt haben, können sie sich zunehmend vom Elternhaus ablösen. Denn eine geglückte Kindheit ist letztlich immer ein Ablösungsprozess. Zwar sind wir in den ersten Lebensmonaten vollständig von der Zuwendung der Eltern abhängig. Aber dann beginnt zunehmend im Kind der Wunsch nach Selbständigkeit. Doch haben Sie eine solche Kindheit erlebt, in der Sie sich gemocht und geliebt fühlten? Das ist selten uneingeschränkt der Fall. Die meisten Eltern hatten selbst eine schwierige Kindheit, konnten nicht richtig lieben, waren eher bedürftig oder überfordert. Sie erreichten die Kinder emotional nicht, diese blieben seelisch unterkühlt. Und dies ist meist nicht nur einer zu kargen Mutter anzulasten. Oft höre ich in der Therapie das Lebensschicksal eifersüchtiger Menschen, die einen extrem schwierigen Vater hatten. Vor allem Frauen erzählen mir, dass sie ihren Vater durchaus mochten, ihn sogar idealisierten. Aber auf die ersten Regungen der Selbständigkeit habe er mit großer Wut reagiert. »Ich hatte vor meinem Vater immer Angst. Ich habe die Liebe später wie ein Minenfeld angesehen. Ich dachte immer: ich muss mich vorsehen, sonst ist es vorbei. Die Liebe hatte etwas ganz Irrationales. Sie war manchmal wie eine Seifenblase, eine kleine Belastung, ein Luftzug des Lebens und alles war vorbei. Und so war ich natürlich immer eifersüchtig«, bekennt eine Lehrerin, die immer wieder sehr eifersüchtig ist, weil sie ihrem Partner nicht vertrauen kann.

Alkoholkranke Eltern

Als besonders unbeständig erleben Kinder die Beziehung zu ihren Eltern, wenn diese ein Alkoholproblem haben. 3 Prozent der Bevölkerung haben ein massives Alkoholproblem, zehn Prozent ein riskantes Trinkverhalten. In $^2/_3$ aller Fälle handelt es sich hierbei um alkoholabhängige Väter. Diese können oft durchaus nett sein, aber die Beziehung zu ihnen ist meist sehr brüchig. Eine Patientin erinnert sich: »Mein Vater konnte durchaus lieb sein, aber wenn er getrunken hatte, wurde er übergriffig. Ich ekelte mich davor, wenn er mich anfasste. Und am nächsten Morgen war er dann wieder normal, aber dieser Alkohol stand zwischen uns. Ich konnte mich nie auf ihn verlassen. Und so geht es mir heutzutage auch mit Männern. Ich glaube nie daran, dass sie zuverlässig sind. Sobald ich sie irgendwie nicht verstehe, werde ich eifersüchtig.«

Die Vertreibung aus dem Paradies

Das Gefühl der Unzuverlässigkeit ist die Kernproblematik der Eifersucht. Der Eifersüchtige hat immer das Gefühl, dass im nächsten Moment das Glück des Lebens vorbei sein könnte. Besonders deutlich wurde mir dies bei einem 50-jährigen Patienten, der bei seiner Großmutter aufwuchs und im Alter von 5 $^1/_2$ Jahren zu den Eltern kam, weil er zur Schule gehen musste. »Es war wie die Vertreibung aus dem Paradies. Meine Großmutter mochte ich sehr, plötzlich war für mich die Kindheit vorbei. Immer hatte ich ein Gefühl der Sehnsucht und vor allem: Ich glaubte nie an die Verlässlichkeit der Liebe und war untergründig immer eifersüchtig.«

Und dieses Erlebnis einer brüchigen Welt haben Kinder auch dann, wenn sich plötzlich die Eltern trennen oder ein Elternteil krank wird oder stirbt. Immer bricht die Zuwendung – zumindest eines Elternteils – ab, die Kinder müssen sich an den Verlust der Zuwendung gewöhnen. Sie müssen frühzeitig erwachsen werden, sich manchmal um die Eltern kümmern. Wir nennen diesen Vorgang die Notautonomie, bei dem sich ein Kind scheinbar an den Mangelzustand gewöhnt, innerlich aber sehr verunsichert ist und bedürftig bleibt.

Die Notautonomie

Eine wirkliche Gewöhnung an einen Mangelzustand findet bei solchen Kindern natürlich nicht statt. So reagieren bereits kleine Kinder mit deutlichen Eifersuchtsgefühlen, wenn sie sich vernachlässigt fühlen. Forscher stellten jedenfalls fest, dass schon kleine Babys unruhig wurden und protestierten, wenn ihre Mutter eine lebensechte Puppe streichelte. Bei einem Buch war ihr Protest wesentlich geringer. Offensichtlich handelt es sich bei der Eifersucht um eine sehr grundlegende menschliche Reaktion. Schließlich sind wir auf die menschliche Zuwendung, auf Bindung und Sicherheit existenziell angewiesen. Stellen Sie sich einmal vor, auf die wichtigsten Beziehungspersonen Ihres Lebens wäre kein Verlass? Diese würden sich plötzlich – von einem Tag zum anderen – trennen, weil sie einen anderen Menschen gefunden haben. »Ich habe eine bessere Partie gemacht«, würde man vom anderen hören. Glücklicherweise erleben wir eine solche geringe Bindung sehr selten. Doch genau diese Unzuverlässigkeit in der Zuwendung der Eltern erleben Kinder oft in den ersten Lebensjahren. Und die Tragik besteht darin, dass Kinder noch nicht in der Lage sind, sich dann die Zuwendung woanders zu holen. Sie sind von der emotionalen Versorgung der Eltern abhängig. Und wenn diese nicht ausreicht, entstehen jene Kindheitsdramen, die später der Nährboden für starke Eifersuchtsgefühle sind.

Das stille Drama

Glücklicherweise halten sich unsere Eifersuchtsgefühle halbwegs in Grenzen, wenn wir in den ersten Lebensjahren eine stabile Zuwendung bekommen haben. Auch wenn diese verlorengeht, verfügen wir zumindest über erste Erfahrungen einer guten Beziehung. Doch viel schwieriger ist, wenn im Elternhaus für die Kinder nie ein seelischer Raum vorhanden ist. Das ist vor allem dann der Fall, wenn dem Beruf der Eltern alles untergeordnet werden muss. So erleben die Kinder von Militärs oder Diplomaten oft, dass der Beruf des Vaters das Wichtigste ist. Sie müssen alle paar Jahre umziehen, wenn der Vater versetzt wird. Freundschaften gehen solche Kinder irgendwann nicht mehr ein, weil sie alle Bindungen als vergänglich betrachten.

Aber noch schwieriger ist es, wenn die Eltern nie wirklich Zeit haben, weil sie einen kleinen Laden betreiben und unter Geldsorgen leiden. Die Eltern von Kafka hatten einen solchen Laden, und er hasste die abendlichen Gespräche, wenn es immer wieder um das Thema Geld ging. Aber selbst wenn keine finanziellen Sorgen bestehen – in einer Gastwirtschaft, einem Familienhotel oder einer Bäckerei laufen die Kinder quasi immer nebenher. Entweder muss der Vater noch bis spät in die Nacht hinein arbeiten oder er muss ganz früh beginnen. Ein geregeltes Familienleben ist jedenfalls auf diese Weise kaum möglich und oft haben die Kinder vor allem dann Kontakt mit den Eltern, wenn sie mitarbeiten. Zuwendung muss man sich verdienen – lernen diese Kinder. Ein tiefes Vertrauen in die Liebe entsteht so nicht. Und so ist bei diesen Kindern später immer eine Neigung zur Eifersucht vorhanden.

Die Geschwistereifersucht

Wer zu wenig geliebt wurde, weil die Eltern wenig Zeit hatten, resigniert irgendwann. Man kennt es nicht anders, die stille Vernachlässigung bestimmt schließlich das ganze Leben. Doch neben diesen stillen Dramen gibt es heftige Tragödien, wenn ein Kind zwar zunächst geliebt wurde, dann aber die Zuwendung verlor. Und die Verzweiflung dieser Kinder müssen wir nachempfinden, wenn wir die Eifersucht begreifen wollen. Denn die heftige Eifersucht ist immer ein Ausdruck jener Verzweiflung, die wir als Kinder empfanden. Es ist das panikartige Gefühl, dass man nicht mehr geliebt wird, dass man nun einsam ist wie Sterntaler in dem bekannten Märchen. Und der häufigste Auslöser für diese massive Eifersucht ist die Geburt eines Geschwisters.

Die Entthronung

Es ist schon schwierig damit umzugehen, dass sich die Eltern trennen oder dass ein Elternteil krank ist. Doch ungleich schwieriger ist der Umgang mit einem neuen Geschwister. Denn bei der Geschwistereifersucht erleben wir täglich, dass uns ein Bruder oder eine Schwester vorgezogen wird. Hier entstehen dramatische Gefühle, die fast mörderisch sein können. Die Geschwistereifersucht ist daher die Ursituation der Eifersucht. Wir müssen uns das nur vorstellen: Jahrelang hatten wir die Zuwendung der Eltern für uns allein, standen im Mittelpunkt, konnten zärtlich mit ihnen sein, hatten in ihnen zuverlässige Gesprächspartner. Und dies änderte sich dann buchstäblich über Nacht. Ein Neugeborenes raubt uns diese Vorzugsposition, entthront uns, steht nun im Mittelpunkt. Dagegen lässt sich nichts tun. Und wenn man dann als Kind quengelt, bekam man früher oft zu hören, man solle vernünftig sein. Während sonst alle Bedürfnisse erfüllt wurden, war man plötzlich der Störenfried. Selbst als man wieder einnässte oder stotterte, bekam man die früher gewohnte Zuwendung nicht. Stattdessen musste man mit ansehen, wie das Neugeborene unendlich verwöhnt und verzärtelt wurde. Jedes seiner Äußerungen wurde registriert und bewundert. Besonders dramatisch war dies früher natürlich, wenn ein Mädchen einen Bruder bekam. Oft wurde dieser als Stammhalter der Familie besonders begrüßt, ihm wurde eine ganz besondere Bedeutung beigemessen. Das Mädchen stand fortan am Rande. Und oft gibt es auch einen Kampf der Brüder um die Gunst des Vaters. Hier entstehen Gefühle, die leicht von Wut und Hass getränkt sind.

Liebt man seine Kinder gleich stark?

Selbst wenn die Eltern das Erstgeborene geschickt auf das neue Geschwister vorbereiten, sind Eifersuchtsgefühle kaum zu vermeiden. In ihrer Autobiographie schreibt Simone de Beauvoir, dass sie zwar nicht eifersüchtig gewesen sei, als sie im Alter von $2^1/_2$ Jahren eine Schwester bekam. Trotzdem stand ihr eines Abends fast das Herz still, als sie hörte: »... mit gemessener, kaum von Neugier bewegter Stimme stellte Mama meinem Vater die Frage: »Welche von beiden ist dir die liebere?« Ich erwartete, Papa werde meinen Namen aussprechen, aber einen Augenblick lang, der mich ewig dünkte, zögerte er: »Simone ist die Überlegenere, aber Poupette ist so anschmiegsam ...« Sie wogen weiter das Für und Wieder ab, und ... schließlich einigten sie sich darauf, dass sie die eine von uns genau wie die andere liebten; das entsprach zwar ganz und gar dem, was man in den Büchern liest: Eltern haben alle ihre Kinder gleich lieb. Dennoch empfand ich etwas wie Groll.«[11] Sie war ja die Ältere und erwartete, dass sie von ihren Eltern mehr geschätzt werden würde.

Zu Recht war Simone de Beauvoir nicht davon überzeugt, dass die Eltern ihre Kinder auf gleiche Weise lieben. Es bilden sich doch immer Sympathiestrukturen heraus. Immer wird ein Kind etwas bevorzugt, ein Kind etwas mehr gemocht. Wichtiger als der Versuch der Gleichbehandlung ist es deshalb, jedem Kind individuell das Gefühl der echten Zuneigung zu geben, damit es ein stabiles Selbstbewusstsein entwickeln kann. Früher ging man davon aus, dass die Liebesansprüche des Kindes unmäßig sind. Das glaube ich nicht. Ein Kind will jedoch nicht im Schatten eines Nachfolgers stehen, es will so viel Aufmerksamkeit und Liebe bekommen, dass es das Gefühl einer eigenständigen, festen Bindung bekommt.

Entthronung ist die stärkste Kränkung

Doch trotz aller Bemühungen gibt es in vielen Familien regelrechte Eifersuchtsdramen. Ich habe sie selbst in der Kindheit erlebt. Ich war der Zweitgeborene und meine Schwester reagierte sehr unruhig darauf, dass nun noch ein Bruder auf die Welt kam. »Nehmt ihn wieder mit, wir brauchen ihn nicht«, soll sie gerufen haben, als ich aus dem Krankenhaus nach Hause kam. Und wir stritten später einmal sehr heftig darüber, wer auf einem Karussell schneller führe. Ich saß auf der Feuerwehr, hatte das Blaulicht angeschaltet, meine Schwester fuhr auf dem Motorrad. Und die dumme Pute behauptete doch tatsächlich, dass sie mich in der rechten Kurve überholte. Dabei blinkte doch mein Blaulicht, und eine Feuerwehr überholt bekanntlich alle.

Diese Eifersucht zwischen meiner Schwester und mir hielt nicht sehr lange an, weil dann noch eine Schwester geboren wurde. Denn am stärksten ist diese Eifersuchtsproblematik, wenn es nur zwei Kinder in der Familie gibt. Dann ist oft das älteste Kind buchstäblich stinksauer auf das Nachgeborene, das plötzlich alle Zuwendung und Anerkennung bekommt. Wenn ein drittes Kind auf die Welt kommt, ist dies für den Ältesten immer eine Genugtuung. Er kann sich dann sagen: Ätsch, jetzt geht es dem zweiten Geschwister so wie mir, auch er ist entthront worden. Diese Genugtuung heilt ein wenig die ursprüngliche Kränkung. Deshalb sind älteste Kinder, die nur ein Geschwister haben, am stärksten krisengefährdet. Jedenfalls erzählten mir Kollegen, dass älteste Kinder mit einem Geschwister am häufigsten in der Kinder- und Jugendpsychiatrie zu finden seien.

Mit diesem Entthronungs-Erlebnis hat sich vor allem Alfred Adler beschäftigt. Er stellte fest, dass insbesondere die entthronten Ältesten später unter Eifersucht leiden und über eine konservative Lebenseinstellung verfügen. Sie würden die Vergangenheit bewundern, in der sie noch die ungeteilte Zuwendung bekamen. Deshalb gehen sie lebenslänglich davon aus, dass Veränderungen immer eine Bedrohung ihrer emotionalen Versorgung sein können. Und diese Angst vor einem Verlust der Liebe ist das Grunderlebnis des Eifersüchtigen. Als würde ein Fluch über dem eigenen Leben liegen, gegen den man nichts ausrichten kann.

Eifersucht auf die Eltern

Es ist sehr verständlich, dass Kinder auf die Geburt der Geschwister eifersüchtig reagieren. Doch warum sind dann Einzelkinder oft sehr eifersüchtig? Auch sie müssen Angst haben, dass ihre Vorzugsstellung bedroht ist. Ein guter Freund schilderte, seine Zieh-Tochter habe immer ihre Mutter gefragt: »Wen würdest du retten … mich oder Paul? Wenn du nur einen retten kannst … für wen würdest du dich entscheiden?« Sehr misstrauisch registrierte dieses Mädchen, dass sich die Mutter verliebte. Sie konnte den neuen Partner der Mutter nicht vorbehaltlos akzeptieren und neugierig sein. Denn Kinder sind vor allem dann eifersüchtig, wenn sie vorher zugleich verunsichert waren und zu sehr im Mittelpunkt standen. Und Kinder tun dann alles, um diese Vorzugsstellung wieder zu bekommen. So vertraute Tanja Tolstoi – die Lieblingstochter des russischen Schriftstellers – ihrem Tagebuch an: »Ich werde ganz eifersüchtig, wenn ich sehe, wie nett und aufmerksam Papa zu Mascha ist … Ich fühle mich einsam und ungeliebt, mir kam sogar der Gedanke, nach draußen zu gehen und mir eine Erkältung zu holen, nur damit ich mich auch an Papas Zärtlichkeit erfreuen könnte.«[12]

Wir müssen raus in die Welt

Nun liegt bei einem eifersüchtigen Kind immer eine innere
Verzweiflung vor, die wir ernst nehmen müssen. Sonst würde
ein Kind nicht dermaßen stark auf die elterliche Zuwendung
ausgerichtet sein. Denn letztlich ist es unser Lebensschicksal,
dass wir hinaus müssen in die Welt, dass wir uns aus der warmen Elternwelt lösen. Es ist daher keineswegs normal, wenn
ein Junge wirklich seine Mutter, ein Mädchen ihren Vater heiraten will. Natürlich idealisieren Kinder ihre Eltern, es kann
durchaus eine sehr innige Nähe entstehen. Und mitunter wollen vor allem Mädchen später einen Mann suchen, der ihrem
Vater ähnelt. Aber wenn ein Junge eine große erotische Zuneigung zu seiner Mutter empfindet, ist dies immer ein Zeichen einer zu großen emotionalen Abhängigkeit. So war dies
auch bei dem Schriftsteller Stendhal, der wie unter einer Glas-
glocke aufwuchs, denn sein Vater hatte immer Angst, dass er
bei der Berührung mit dem gemeinen Volk verdorben werden
könnte. Und so fühlte sich der kleine Henry vor allem zur ver-
wöhnenden Mutter hingezogen und wünschte sich den Vater
fort. Seine Mutter fand ihren Mann psychisch abstoßend und
ging eine innige Beziehung zum Sohn ein. Für diesen war sie
eine anmutige, schöne, begehrenswerte Frau und er bekennt:
»Ich wollte meine Mutter mit Küssen bedecken und wünschte,
dass es keine Kleider gäbe. Sie liebte mich leidenschaftlich
und küsste mich oft, ich erwiderte ihre Küsse mit solcher
Glut, dass sie oft hinausgehen musste. Ich verabscheute meinen Vater, wenn er unsre Liebkosungen unterbrach. Ich wollte
sie stets auf die Brust küssen.«[13]

Doch die Mutter starb, als Henry sieben Jahr alt war. Und
das Liebesleben von Stendhal war später davon geprägt, dass
er sich in unerreichbare Frauen verliebte und sehr eifersüchtig
war. Man hat dies mitunter so erklärt, dass er das Unglück als
Stachel für sein Schriftstellerleben brauchte. Doch in Wirklichkeit sind seine Eifersucht und seine unglückliche Liebes-
wahl das Ergebnis einer symbiotischen Mutterbindung. Indem

er sich in unerreichbare Frauen verliebte, schützte er sich vor einer zu symbiotischen Beziehung und wiederholte zugleich die Muttererfahrung, wo auch die Liebe gewisse Grenzen hatte.

Die eifersüchtigen Eltern

Doch wenn die Familienverhältnisse emotional zu eng sind, sind nicht nur die Kinder eifersüchtig. Oft sind auch die Eltern eifersüchtig auf die neuen Partner der Kinder. Sie kennen sicher auch Väter, die extrem eifersüchtig sind auf die Liebhaber der Tochter. Mitunter kann man dies auch verstehen. Nachdem sich der Vater lange so intensiv um seine Tochter gekümmert hat, glaubt er nicht, dass ein anderer dieser Rolle gerecht werden kann. Aber gerade dann ist die Ablösung aus dem Elternhaus so wichtig und zugleich so konflikthaft.

Den neuen Partner verhindern

Doch nicht nur Eltern müssen es lernen loszulassen. Auch Kinder müssen lernen, dass Eltern ihr eigenes Leben führen. Sonst kann es durchaus passieren, dass ein eifersüchtiges Kind eine neue Partnerschaft der Mutter verhindert. Es hat sich so daran gewöhnt, der Partner des alleinstehenden Elternteils zu sein, dass es jeden Versuch zu einer neuen Beziehung mit heftigen Eifersuchtsgefühlen torpediert. Wie stark diese Eifersuchtsgefühle sein können, schildert Elias Canetti in seiner Autobiographie »Die gerettete Zunge«. Als Kind hatte Canetti eine sehr enge Beziehung zu seiner jungen, verwitweten Mutter, und diesen Zustand verteidigte er mit allen Mitteln. Er drohte seiner Mutter, sich vom Balkon zu stürzen, und warf alle Geschenke weg, die ihm einer ihrer Verehrer mitbrachte. Über die Besuche dieses Mannes schreibt er: »Ich wusste nicht, was zwischen Mann und Frau geschieht, doch wachte ich darüber, dass nichts geschähe. … Am schlimmsten war es, wenn er lange nichts sagte, dann wusste ich, dass sie ihm etwas Längeres erzählte, und nahm an, sie sprächen über mich. Dann wünschte ich, dass der Balkon einstürzte und er unten auf dem Pflaster liegen bleibe. Es fiel mir nicht ein, … dass sie ja mit ihm abgestürzt wäre … Damals setzte die Eifersucht ein, die mich mein ganzes Leben lang gequält hat.«[14]

Die bedürftigen Eltern

Doch warum klammern Kinder so stark, warum sind sie dermaßen eifersüchtig? Fast immer liegt die Antwort darin, dass die Eltern selbst geklammert haben, das Kind nicht loslassen konnten. So war es auch bei dem Schriftsteller Canetti. Seine Mutter war nach dem plötzlichen Tod ihres Mannes dem Selbstmord nahe gewesen, Elias schlief daher nachts bei ihr und hielt sie teilweise fest, damit sie nicht aus dem Fenster springen konnte. Eine sehr enge Bindung ergibt sich, Elias fühlt sich für seine Mutter verantwortlich. Er wird zum Partner, die Beziehung wird immer symbiotischer, und als Elias dann elf Jahre alt ist, will er die erneute Heirat der Mutter verhindern und droht nun seinerseits mit Selbstmord.

Die zu engen Familienverhältnisse

Solche Eifersuchtsprobleme hat es vor allem in den Familien nach dem zweiten Weltkrieg häufig gegeben. Oft waren die Kinder schon völlig daran gewöhnt, die Mutter allein besitzen zu können. Sie empfanden deshalb den rückkehrenden Vater als Eindringling. Oder sie verhinderten jede neue Liebesbeziehung der verwitweten Mutter, indem sie sich immer dann unmöglich aufführten, wenn ein neuer Bewerber auftauchte. Eifersüchtig reagierte natürlich auch der Vater, wenn sich die Mutter nach den vielen Jahren des Alleinlebens stärker den

Kindern zugewandt hatte. Er fühlte sich dann in der Ehe wie ein Außenseiter. Und dies ist natürlich heutzutage in vielen Patchworkfamilien der Fall. Ein neuer Partner muss dann die Tatsache bewältigen, dass er oft von den Kindern abgelehnt wird. »Du bist nicht mein Vater« – ist eine typische Aussage. Nicht selten führt dies zu ernsthaften Konflikten, die zum Scheitern der Beziehung führen.

Der Ablösungsprozess

Wenn Kinder sehr eifersüchtig sind, besteht immer ein dramatischer Teufelskreis. Das Kind fühlt sich zu kurz gekommen, kann sich nicht werbend verhalten und schafft es auch nicht, sich stärker die Zuwendung außerhalb der Familie zu holen. Zwar haben entthronte Kinder oft eine besondere Beziehung zu den Großeltern, aber sie schaffen es trotzdem nicht, das Eifersuchtsdrama aufzusprengen. Sie sind so enttäuscht, wütend und fühlen sich zu kurz gekommen, dass sie sich nicht ablösen und die Zuwendung in Freundschaften suchen können. Und dies bleibt dann oft lebenslänglich die Tragik des Eifersüchtigen. Er hat oft das Gefühl, dass er in einer Beziehung zu wenig bekommt und bleibt auf diesen Mangelzustand fixiert. Insofern ist eine geglückte Entwicklung immer davon geprägt, dass es einen Wunsch nach Nähe, gleichzeitig aber auch nach Unabhängigkeit, nach neuen Beziehungen gibt.

Wichtig ist dies Schwingen zwischen Nähe und Freiheitswünschen vor allem in der Pubertät, weil so der Jugendliche seine eigene Identität entwickeln kann. Identität bedeutet: ich weiß, wer ich bin. Und dies ist wichtig, bevor wir eine Partnerschaft beginnen. Man muss zunächst wissen, wer man ist, man muss eine starke Persönlichkeit entwickeln, bevor man sich auf das Abenteuer der Liebe einlässt. Denn tatsächlich ist die Liebe ein Abenteuer. In jeder Partnerschaft gibt es ständig emotionale Schwankungen. Heute ist der Partner zurückhaltend, morgen will er mich unbedingt küssen und übermorgen zieht er sich dann wieder zurück. Wer will das verstehen? Und vor allem: Wie soll man geschickt damit umgehen? Die Eifersucht ist dann doch fast vorprogrammiert, wenn man feststellt, dass er inzwischen freundlicher zu seiner Sekretärin ist als zu mir? Eifersucht liegt also in vielen Situationen nahe, doch wie interpretiert man ein solches Alarmsignal? Um ein solches Signal richtig zu deuten und dann noch geschickt zu reagieren, braucht man einen festen Boden unter den Füßen. Man braucht einen gewissen Abstand, eine innere Unabhängigkeit, um mit Eifersucht selbstbewusst umgehen zu können. Auf den Punkt gebracht könnte man sagen: Man kann nur wirklich lieben, wenn man auf den anderen verzichten kann. Sonst bekommt man so starke Panikgefühle, dass man in schwierigen Situationen unter massiven Eifersuchtsgefühlen leidet und ungeschickt reagiert. Deshalb ist es so wichtig, dass wir im Leben einmal auf eigenen Beinen gestanden haben. Es ist wichtig, dass wir einmal erlebt haben: Wir kommen allein klar. Auch ohne Partner, ohne Partnerin. Wir haben die Kraft, die Fähigkeit, auch allein zu überleben.

Verwöhnung: die sanfte Gewalt

Nun ist es nicht leicht, notfalls allein zu leben. Ein Roman von Marlen Haushofer – der kürzlich verfilmt wurde – zeigt eindrucksvoll, wie eine Frau im Wald überlebt, nachdem sie durch eine gläserne Wand von dem nahen Dorf getrennt wurde. Und wir lernen diese Fähigkeit des Alleinlebens nur, wenn die Eltern achtungsvoll auf unsere Autonomiewünsche eingehen. Beobachten Sie einmal kleine Kinder. Vor wenigen Minuten wollten diese noch kuscheln, wollten spüren, dass die Eltern immer für sie da sind. Doch dann reißen sie sich los, wollen allein laufen. Wenn die Eltern dies tolerieren, bekommt das Kind die Erlaubnis, sich abzunabeln und trotzdem immer wieder geliebt zu werden. So entsteht eine starke Selbstständigkeit. Doch bei Eifersüchtigen wurde diese meist behindert. Es gibt dann oft Familiengebote mit der Kernaussage: »Wir müssen immer zusammenhalten.« Man musste sich also immer helfen, jede Eigenständigkeit wurde als Egoismus angesehen. Das behindert dann nicht nur die Entfaltung der Selbstständigkeit, so entstehen auch falsche Ansprüche, falsche Liebesmuster. Schließlich messen wir den Partner an unseren Erwartungen, die in der Familie entstanden sind und werden zwangsläufig enttäuscht. Und noch mehr enttäuscht werden wir, wenn wir in der Kindheit verwöhnt wurden. Es klingt ja immer so schön, wenn Kindern jeder Wunsch erfüllt, jede Schwierigkeit abgenommen wurde. Ist das nicht wie im Schlaraffenland? Doch in Wirklichkeit wird so mit sanftem Druck ein Kind unselbständig gemacht und im Elternhaus festgehalten. Und auch hier entwickelt es Ansprüche, die immer wieder enttäuscht werden. Ansprüche haben im Gegensatz zu Bedürfnissen ein Merkmal: Wir reagieren gereizt, wenn diese nicht in Erfüllung gehen. Wir wissen, dass Wünsche nicht immer erfüllt werden. Doch bei Ansprüchen glauben wir, dass wir sie mit Recht stellen können. Wir werden dann unruhig, sind gekränkt und reagieren eher bedrängend. Es ist also wichtig, dass wir sehr selbständig sind, damit wir auf die Schwierigkeiten einer Partnerschaft geschickt reagieren können.

Probleme in der Liebe gibt es immer

Schwierigkeiten gibt es in jeder Partnerschaft – davon bin ich überzeugt! Auch in »guten« Partnerschaften gibt es Probleme, und es ist wichtig, dass man nicht zu irritiert ist, wenn es einmal schwierig wird. Wir sollten deshalb nicht nur die Fähigkeit besitzen, um den Partner zu werben und Nähe herzustellen. Die Überwindung der Eifersucht besteht immer auch darin, dass wir eigenständiger werden. Wir müssen dazu auch in der Lage sein, vorübergehend allein klarzukommen, um eine Krise zu überstehen. Dies bedeutet manchmal sogar, dass man keine panische Angst vor einer möglichen Trennung haben sollte. Denn in jeder massiven Krise gibt es beiderseitige Trennungsgefühle, die man aushalten muss. Eine Patientin sagte mir kürzlich: »Es war die große Entdeckung für mich, dass ich fühlte: Auch nach einer Trennung geht das Leben weiter. Diese Erkenntnis war ein Quantensprung für mich. Die Liebe, ein Partner war für mich immer wichtig. Aber nun wusste ich: Ich kann eine Trennung überstehen.« Um die Eigenständigkeit der Partner zu fördern, mache ich meinen Patienten deshalb einen Vorschlag: Sie sollen einen Abend in der Woche allein verbringen. Jedenfalls ohne Partner. Und man sollte einmal im Monat auch einen Abend ganz allein für sich verbringen. Es ist die Kunst der Selbstbegegnung. Man läuft ja doch oft vor sich selbst davon, ist immer aktiv, man ist »außer sich«. Manche Menschen gehen dann beispielsweise immer wieder ins Kloster. Der Sinn solcher Rückzugsorte besteht darin, dass wir zu uns kommen, und das kann die Tendenz zur Eifersucht reduzieren. Wir kommen uns nahe, verankern uns mehr in uns selbst, wenn wir gelernt haben, in einen inneren Dialog zu treten.

Allein in der Fremde

Ich empfehle meinen Patienten, dass sie außerdem noch zwei Mal im Jahr etwas ganz allein unternehmen und lernen, sich »durchzuschlagen«. Sie sollen dann nur etwas zu trinken und zu essen mitnehmen und zu einer längeren Wanderung aufbrechen. Dann machen sie die Erfahrung, dass sie auch auf sich selbst gestellt das Leben bewältigen können. Das war ja auch der Sinn der »Walz«, auf die früher Handwerker geschickt wurden. Sie mussten nach Abschluss ihrer Lehrzeit neue Lebenserfahrungen machen, fremde Orte und Regionen kennenlernen. Dem Heimatort durften sie sich nur auf 50 km nähern. Erst nach dieser Wanderschaft und daran anschließend einer mehrjährigen Arbeitszeit (den Mutjahren) durfte man sich zum Meisterstück anmelden und sich niederlassen. Erst dann durfte man in manchen Zünften heiraten.

Wenn der Partner fremdgeht

Bei der Bewertung der Eifersucht stellt sich immer die Frage: Ist das Warnsignal der Eifersucht berechtigt oder nicht? Natürlich kann auch eine berechtigte Eifersucht sehr neurotisch sein, wenn wir keinen Ausweg aus der Krise finden. Dann hat zwar die Alarmanlage gut funktioniert, aber die Partnerschaftskrise konnten wir trotzdem nicht bewältigen. Dennoch macht es einen großen Unterschied, ob der Partner treu ist oder zu Seitensprüngen neigt. Manchmal wird unsere Eifersucht schon ausgelöst, wenn der Partner zu viel flirtet. Aber meist läuft es dann doch auf die Frage hinaus: Hatten sie etwas miteinander oder nicht? Zwar sind sich fast alle Menschen einig, dass eine erotische Beziehung bereits mit verführerischen SMS-Botschaften beginnt und mit heißen Küssen und Umarmungen weiter geht. Dies kann eine Partnerschaft massiv gefährden. Aber wenn zwei dann tatsächlich miteinander schlafen, empfinden dies viele als den Super-Gau für die Partnerschaft.

Wie gehe ich mit Eifersucht um

Wie »normal« unsere Eifersucht ist, hängt also davon ab, wie realitätsgerecht dieser Alarm ist. Zeigt uns die Eifersucht wirkliche Gefahren oder reagieren wir zu sensibel? Doch wie sollte ich handeln, wenn der Alarm ausgelöst wird? Früher wurde oft empfohlen, Frauen sollen einen kühlen Kopf behalten und um ihren Mann kämpfen. Balzac berichtet beispielsweise in seinen Roman »Beatrix« von einer Fürstin, die den Seitensprung ihres Mannes entdeckte. Doch sie wollte sich nicht trennen. Sie wollte ihrem Mann auch keine Szene machen. Deshalb beschloss sie, den Kampf mit der Rivalin aufzunehmen. Sie wollte wieder in der Gesellschaft erscheinen, um dort glanzvoll aufzutreten und ihrem Mann eine Liebe vorzuspielen, die sie nicht für ihn empfand. Sie versuchte ihn zu verführen, wollte launisch sein wie jene koketten Frauen, die ihren Liebhaber quälen. Nur ein solches Verhalten konnte ihr noch helfen.

Ein solch vernünftiges Verhalten mag uns heutzutage befremden. Die finanziellen Abhängigkeiten sind geringer als früher, Kinder kann man auch allein aufziehen, deshalb trennen sich viele Frauen heute eher nach einem Seitensprung. Doch wie besonnen man mit einem Seitensprung umgehen kann, erlebte ich vor vielen Jahren. Eine Kollegin hatte mitbekommen, dass ihr Mann ein Verhältnis hatte. Sie sagte ihm daraufhin: Du hast ein viertel Jahr Zeit, dann musst du dich entscheiden. Ich ahnte, dass ihr diese Einstellung nicht leicht gefallen sein muss. Auch sie wird zunächst wütend und verzweifelt gewesen sein. Aber sie wird begriffen haben, dass ihrem Mann Einiges in der Ehe fehlte. Und sie wollte nicht, dass er sich zwangsweise für sie entscheidet und dann lebenslänglich Sehnsucht nach der anderen Frau empfindet. Jedenfalls fand ich diese Einstellung sehr bemerkenswert und fragte mich damals, wie sie mit ihren Eifersuchtsaffekten umging.

Doch könnten Sie so vernünftig auf eine solche Krise reagieren? Ein Seitensprung des Partners ist nie ein normaler Betriebsunfall der Liebe. Es ist kein Ereignis, an das man sich gewöhnen könnte. Die meisten Menschen sind erschüttert und entsetzt, wenn sie den Seitensprung entdecken – auch wenn sie vorher etwas geahnt haben.

Das Bauchgefühl

Über 50 Prozent aller Frauen haben vorher etwas gespürt. Eine Büroangestellte berichtete: »Er hat immer wieder betont, dass er mich liebt ... dass wir immer füreinander da sind. Ich hatte aber irgendwann das Gefühl, dass eine andere da ist. Ich fühlte, es driftete auseinander. Das hat er zwar abgestritten. Aber er schlief nicht mehr mit mir, während früher unsere Sexualität sehr intensiv und häufig war. Irgendwann begriff ich, dass da noch eine andere ist. Es war ein Bauchgefühl. Er hat sich einfach zu sehr verändert. Und dann fragte ich ihn ganz direkt: Wie heißt sie? Und er redete – ich habe die Welt nicht mehr verstanden und ich fragte mich lange: warum?«

Tatsächlich lässt sich das Doppelleben meist nicht auf Dauer verschweigen. Es gibt immer kleine verräterische Hinweise ...

- Sie trägt plötzlich einen anderen Lippenstift
- Er kommt des Öfteren mit einem schönen Blumenstrauß nach Hause
- Sie vernachlässigt den Haushalt
- Sie geht immer später schlafen, während er schon im Bett liegt
- Er muss plötzlich Überstunden machen
- Das Handy liegt nie mehr herum
- Er trägt seinen Ehering nicht mehr

Der Zufall

Ansonsten spielt der Zufall eine große Rolle. »Mein Schlüsselbund fiel in einen Kellerschacht, ich kam nicht mehr in meine Wohnung, rief bei ihm auf der Dienststelle an und man sagte mir, er sei heute gar nicht da. Dabei hatte er mir gesagt, er müsse Überstunden machen. Doch in Wirklichkeit lag er mit seiner Geliebten im Bett – wie sich dann rausstellte.« So erlebte es eine resolute Geschäftsfrau, die bisher ihrem Mann vertraut hatte. Sie schilderte mir, dass sie zunächst völlig fassungslos war. Sie habe nicht mehr denken können, sei nur noch durch die Gegend gelaufen, habe dann ihre Freundin angerufen. Und dann führte sie endlose Gespräche mit ihrem Mann. Und immer wieder stellte sie ihm die Frage: warum? Immer wieder machte sie ihrem Mann Vorwürfe (»Wie konntest du?«). An Arbeiten war in dieser Zeit nicht zu denken. Für sie ging es ums seelische Überleben, denn sie fühlte sich wie nach einem Weltuntergang. Das ist normal, denn das wichtigste der Beziehung ist zerstört: Das Vertrauen ist nicht mehr vorhanden – es dauert Monate, manchmal Jahre, bis man dem Partner wieder vertrauen kann. Zu Recht meinte daher La Rochefoucauld, Untreue würde die Liebe ersticken. Deshalb scheitern $1/3$ aller Beziehungen unmittelbar nach einem Seitensprung und ein weiteres Drittel innerhalb eines Jahres.

Die große Wut

Der Seitensprung wird meist als eine große Verletzung erlebt. Er ist schlimmer als eine Ohrfeige. Und darauf reagieren wir nicht nur mit einer großen Verunsicherung, sondern meist mit einer großen Wut. Viele rächen sich: Eine Lehrerin zerschnitt sämtliche Anzüge ihres Mannes, der fremdging. Sie hatte keine Lust, ihm auch noch die Anzüge zu geben, damit er sich mit dieser »Tussi« schöne Stunden machte. Nun wird von manchen meiner Kollegen empfohlen, man solle auf die Seitensprünge des Partners respektvoll reagieren und wegschauen. Aber wenn Partner auf eine solche Verletzung überhaupt nicht wütend reagieren, bin ich immer skeptisch. Dann liegt zu viel Abstand vor. Abstand vom Leben und von der Partnerschaft. Gewissermaßen schaut dann der Partner der Beziehung nur noch von außen zu. Und er hat auch so viel Abstand zu seinen Affekten, dass sich eine umfassende Distanzproblematik ergibt. Für den weiteren Verlauf der Beziehung ist es also günstiger, wenn der Betrogene doch eine gewisse Eifersucht zeigt. Wenn er leidet und auch etwas wütend ist. Dann macht er deutlich, dass er um die Beziehung ringt, dass sie ihm nicht egal ist.

Natürlich können die Rachegedanken manchmal sehr zerstörerisch sein. Manchmal bringen eifersüchtige Männer den Rivalen um. Die Rache der Frauen ist meist wesentlich subtiler und erfinderischer. Eine attraktive Kosmetikerin hatte immer einen Verdacht, aber ihr Partner stritt alles ab. Doch eines Tages fand sie auf seinem Handy verschiedene SMS, in der es unmissverständlich hieß: Ich vermisse deine zärtlichen Hände. Dein Häschen. Daraufhin notierte sich diese Kosmetikerin die Handynummern und informierte per SMS alle Frauen, die in dem Handy abgespeichert waren. Und sie organisierte dann ein Treffen aller betrogenen Frauen, die einhellig beschlossen, ihr Liebesabenteuer mit dem attraktiven Unternehmer zu beenden.

Was du kannst, kann ich auch

Oft denkt sich die Betrogene: Was du kannst kann ich auch. Und sie geht dann auch fremd. Auf diese Weise herrscht Gleichstand. Natürlich wird dann der Abstand in der Ehe noch größer, die seelischen Verletzungen immer erheblicher. Das Vertrauen schwindet. Zwar bleibt man oftmals zusammen. Eine Frau erklärte mir: »Da waren die Kinder, und ich hatte mir vorgenommen, du trennst dich nicht. Ich wollte ihnen das Elternhaus erhalten. Mit meinem Mann war ich damals zehn Jahre verheiratet, es war eine richtig normale Ehe. Aber ich habe was geahnt … er hat es abgeleugnet, aber ich wusste es und bin dann auch aus Rache fremdgegangen. Ich dachte: Was du kannst kann ich auch … Die Ehe war dann nach einigen Monaten völlig zerstört, und ich lernte schließlich einen Mann kennen, den ich wirklich liebte. Mit ihm zog ich nach einem Jahr zusammen.«

Die drei Fragen

Doch was können Sie tun, wenn Sie beim Partner bleiben möchten? Oder anders gefragt: wenn Sie die Beziehung nicht beenden wollen? Dann müssen Sie zunächst drei Fragen beantworten:

■ Handelt es sich um einen einmaligen Seitensprung? In über 60 Prozent der Fälle besteht eine längere Beziehung zwischen dem untreuen Mann und der Geliebten, eher selten liegt ein einmaliger Seitensprung vor.
■ Ist der Seitensprung beendet bzw. ist Ihr Mann dazu bereit?
■ Und gibt es in der Beziehung gravierende Defizite oder liegt der Seitensprung in der Persönlichkeit des Seitenspringers?

Denn eine Frage steht dann immer im Raum: Warum ging der andere fremd? Hat man sich in der Ehe auseinandergelebt oder hatte der Seitensprung mit dem Zustand der Partnerschaft nichts zu tun? In dem Buch »Das Geheimnis der Treue« beschreibe ich, dass es neben der unglücklichen Ehe zwei weitere Motive für einen Seitensprung gibt. Es sind der narzisstische Seitensprung und die Angst vor Nähe.

Der narzisstische Seitensprung liegt vor, wenn ein Partner ein sehr schwankendes Selbstwertgefühl hat. Oft bekam er in der Kindheit wenig Liebe, wenig Aufmerksamkeit, aber es wurde viel von ihm erwartet. Dann steht er im Leben immer unter dem Druck, den Erwartungen anderer zu entsprechen. Das Leben solcher Menschen spielt sich so ab, als würden sie auf einem Seil tanzen und ständig die Bewunderung der Zuschauer entgegennehmen. So sind narzisstische Männer vor allem auf die Anerkennung und Bewunderung von Frauen angewiesen. Während andere Männer täglich ihre Herztropfen nehmen, müssen sie regelmäßig eine Frau verführen, um damit ihr Selbstbewusstsein zu stabilisieren. Ich habe sie rumgekriegt, ich bin ein toller Kerl – das ist die Motivation solcher Seitensprünge.

Doch es gibt auch Seitensprünge, die aus einer Angst vor Nähe entstehen. Dann gehe ich fremd, um das Gefühl der Autonomie wieder zu erleben. Das ist besonders tragisch. Oftmals sind es Beziehungen, in denen eine warmherzige Frau mit einem distanzierten Mann vom Typ »einsamer Wolf« zusammen ist. Und sobald sie innerlich jubelt: »jetzt habe ich ihn« – geht er fremd. Er fühlte sich schon als Kind eingeengt und bedrängt. Und die Nähewünsche seiner Partnerin empfindet er so, als würde man eine Schlinge um seinen Hals legen. Doch wenn er fremdgegangen ist, fühlt er sich wieder freier und kann sich erneut auf die Beziehung einlassen. Auch hier liegt das Problem nicht in der schwierigen Liebesbeziehung, sondern in der Persönlichkeit des Partners. Und eines müssen Sie wissen: Sie können die Persönlichkeit eines Partners kaum ändern. Die Neigung zur Untreue ist sehr mit inneren Prozessen, sehr mit der eigenen Kindheit verbunden. Mit Lust und Leidenschaft hat das wenig zu tun. Es ist eine Überlebensstrategie. Und mit der Partnerschaft hat dies auch nichts zu tun, aber die Ehefrau ist natürlich sehr gekränkt.

Nun mag es für Sie entlastend sein, wenn Sie wissen, dass Sie bei einem narzisstischen Seitensprung bzw. der Angst vor Nähe nicht »schuld« sind. Die Problematik liegt eben nicht in der Ehe, sondern ist in der Persönlichkeit Ihres Mannes begründet. Doch wie gehen Sie dann vor? Was machen Sie beispielsweise, wenn Sie schon zwanzig Jahre verheiratet und bereits etwas älter sind? Eine 65-jährige Dame rief mich vor einem Jahr an und sagte mir, sie lebe mit einem Künstler zusammen. Sie habe nach 20 Ehejahren (!) erkannt, dass er gelegentlich fremdgehen würde. Sie war sehr wütend, sprach ihn darauf an, woraufhin er dann meinte, dies habe nichts mit ihr zu tun. Er brauche dies für sein Ego. Tatsächlich war es so, dass sie nie etwas in der Beziehung vermisste, sie hatte sich immer wohlgefühlt. Sie las mein Treue-Buch und beschloss, mit der Eifersucht umzugehen. Sie wollte die Ehe nicht aufs Spiel setzen. Und sie hat gute Chancen, dass ihr Mann doch noch treu wird. Ältere Männer entdecken oft die »senile

Treue«, wie ich das manchmal spöttisch nenne. Wenn sie kränker werden, überlagert schließlich der Wunsch nach einer zuverlässigen Betreuung die Neigung zum Seitensprung. Dann wird die Frage immer wichtiger: Wer pflegt mich, wenn ich krank bin? Man wird ernsthafter, lässt sich mehr auf die Beziehung ein und entdeckt dann oft den Wert der Treue.

Er muss eine Therapie machen

Natürlich können Sie den Partner auch auffordern, eine Therapie zu machen. Wenn Sie mit einem verständnisvollen Mann zusammenleben, wird dieser vielleicht sogar zustimmen. Vielleicht spürt er selbst, dass seine Seitensprünge mehr eine Jagd, weniger ein Vergnügen sind. Vielleicht will er die Ehe wirklich nicht aufs Spiel setzen. Doch es ist immer schwierig, einen untreuen Mann zu einer Therapie zu drängen. Denn solche Veränderungen passieren oft erst dann, wenn Sie notfalls bereit sind, sich zu trennen. Erst dann bekommen Ihre Aussagen die notwendige Ernsthaftigkeit. So erlebte ich es bei einem Mann, der sich bei mir zur Therapie anmeldete, um seine Untreueneigung zu überwinden. Seine Frau habe ihm gesagt, entweder würde sie sich trennen oder sich umbringen, sie halte diesen Zustand nicht mehr aus. Jedenfalls nahm er diese Warnung ernst. Mir fiel auf, dass dieser Mann nur ein Lebensinteresse hatte: Frauen zu verführen. Kam eine hübsche Frau in den Raum, war er innerlich wie auf Sendung. Alle seelischen Programme liefen hoch, alle Antennen lieferten die notwendigen Informationen, um sein Ziel zu erreichen: sie zu verführen. Es gab kein anderes Lebensinteresse, das er genauso leidenschaftlich verfolgte. Die Ursachen für diese einseitige Entwicklung fand ich in der Kindheit. Der Vater war früh verstorben, die Mutter klammerte sich an den Sohn und erwartete immer viel von ihm. So vermischte sich bei ihm die Erfahrung einer engen Bindung mit der Angst vor Nähe. Die Frauen waren zwar immer ein Stabilisator für sein Selbstwertgefühl, gleichzeitig waren aber enge Bindungen für ihn eine Bedrohung. Er lernte daraufhin in der Therapie, sich genügend abzugrenzen und begann eigene Freundschaften. Der Mangel an eigenen Freundschaften ist vor allem bei Männern einer der Hauptgründe, warum sie so verhängnisvoll von Frauen abhängig sind. Und er engagierte sich mehr in seinem Beruf und machte die Erfahrung, dass er auch dort sehr leidenschaftlich sein konnte. In der Therapie lernte er über sein Leben, seine Kindheit nachzudenken, er war schließlich mehr bei sich, nicht mehr so außenorientiert – und wurde treu. Vor einiger Zeit meldete er sich wieder bei mir. Er sei sehr zufrieden mit sich und dem Leben, es sei schön, treu zu sein. Seine Jagd nach Liebe hätte fast die Ehe zerstört und sei regelrecht zwanghaft gewesen.

Der Seitensprung als Partnerschaftskrise

Doch natürlich kann ein Seitensprung immer auch ein Zeichen für ein gravierendes Partnerschaftsproblem sein. Dann liegen massive Defizite in der Beziehung vor, die man zunehmend durch eine emotional-erotische Bindung zu anderen Frauen/Männern ausgleichen möchte. Nun gibt es natürlich in jeder Beziehung gewisse Defizite, nie bekommt man alles, und Goethe hat deshalb einmal gemeint, man müsse mehrere Partner wählen dürfen. Das klingt nach Lustmaximierung und ist irgendwie sehr verständlich. Aber im täglichen Leben führt dies zu starken Konflikten und Verletzungen. Wenn wir ernsthaft und bindungsstark leben, werden wir tiefe Freundschaften eingehen, in denen wir andere Menschen intensiv erleben. Aber die Erotik werden wir nur in der Partnerschaft ausleben, da sonst gravierende Eifersuchtsgefühle entstehen. Zu Recht will der Eifersüchtige dann verhindern, dass der Partner mehr Liebesenergie in eine andere Beziehung investiert. Und er wird verstärkt auf eine Klärung der Partnerschaft drängen. Oft entscheiden sich dann die Partner tatsächlich zu einer Paartherapie.

Doch bevor ich dann mit einer Therapie beginne, prüfe ich immer, ob eine Beziehung noch genug innere Substanz hat. Ob noch genügend Liebesglut und genügende Nähe vorhanden sind. Es gibt dafür drei Kriterien:

- besteht ein gemeinsames Schwingen, lacht man noch miteinander?
- geben sich die Partner noch Mühe, um sich in den anderen hineinzuversetzen? Kann man noch miteinander reden? Ist jeder am Wohlergehen des anderen interessiert oder gibt es nur Machtkämpfe?
- gibt es noch positive Erinnerungen? Wenn man sich trennen will, färbt man alle Erinnerungen an den Beginn negativ ein (Die Beziehung war immer ein Reinfall, die gesamte Partnerschaft eine Fehlentscheidung)

Wichtig ist natürlich auch, dass es noch Zärtlichkeiten gibt. Der erotische Kontakt mag abgebrochen sein, aber wenn es überhaupt keine Berührungen mehr gibt, ist der Entfremdungsprozess schon sehr weit fortgeschritten.

Eine Klärung der Partnerschaftskrise setzt dann natürlich voraus, dass der sogenannte Fremdgeher an der Beziehung noch interessiert ist. Und eine Klärung ist nach meiner Überzeugung nur möglich, wenn der Fremdgeher sein Verhältnis zumindest für die Zeit der Klärung aufgibt. Er mag telefonieren, den Kontakt halten, aber die Treffen und vor allem die Sexualität sollten unterbleiben. Das ist für ihn nicht leicht, denn er weiß nicht, ob eine solche Klärung erfolgreich ist. Und es kann gut sein, dass sich die Geliebte nach der Klärungsphase trennt, weil sie begriffen hat, dass sie nicht die wichtigste Frau in seinem Leben ist. Aber auch die »Betrogene« muss überlegen, ob sie wirklich an einer Klärung mitwirken will. Sie darf nicht zu gekränkt sein, denn sie muss ertragen, dass sich der Partner in einer Krise von ihr abwendete. Dies wird im Allgemeinen nur dann gelingen, wenn sie begreift, dass sie an dem Seitensprung beteiligt ist.

Oft hat sie sich selbst zurückgezogen, hat Entwicklungen versäumt, gewissermaßen war sie auch »schuld« an der Entfremdung in der Beziehung. Allerdings geht es mir nicht um moralische Kategorien. Schuld bedeutet vielmehr, dass ich an der Krise beteiligt bin. durch mein Handeln habe ich zu dem Ereignis beigetragen – würden Wissenschaftler sagen.

Dies wurde mir besonders deutlich, als mir eine Architektin sagte: »Ich bin selbst ein wenig Schuld, ich habe meinen Partner vor einem halben Jahr regelrecht zusammengefaltet. Das hat schon meine Mutter so gemacht, es galt immer das Motto: was raus muss, muss raus. Also habe ich ihm gesagt, was mich schon in den letzten zehn Jahren gestört hat. Mein Partner war sehr unselbständig, ich fühlte mich zunehmend wie seine Betreuerin, die Ordnung in sein Leben bringt. Es lagen überall Rechnungen von ihm rum, es war ein unbeschreibliches Chaos. Und dann wollte er noch bei mir einziehen. Da reichte es mir, ich brüllte ihn an und machte ihm deutlich, dass er ein Versager ist.«

Er zog sich daraufhin zurück und ging fremd. Obgleich sie sehr gekränkt war, warb sie um ihn. Es tat ihr alles sehr leid, sie sprachen wieder miteinander, näherten sich an. Und er begann, sich wieder stärker um das eigene Leben zu kümmern. Die Architektin war erleichtert, sie hatte begriffen, dass sie viel zu spät reagiert hatte. »Ich hätte wahrscheinlich früher etwas sagen sollen. Mir fehlt die notwendige Konsequenz. Freundinnen sagten mir immer: trenne dich. Aber ich liebe diesen Kerl, ich mag ihn wirklich. Wir müssen nur schauen, dass er selbstständiger wird und ich muss lernen, dass ich mich dafür nicht verantwortlich fühle.«

Die Verständigungsarbeit

Es berührt mich immer wieder, wenn eine solche Verständigungsarbeit gelingt, wenn beide begreifen, wie sie die Krise überwinden können. Doch leicht ist dies nicht. Zunächst müssen sich ja beide erarbeiten, warum der Faden der Nähe abgerissen ist. Meist ist dies ein schleichender Prozess, man streitet sich, zieht sich zurück, ist zunehmend genervt vom anderen, bis schließlich eine so starke Entfremdung besteht, dass ein Partner fremdgeht. Der Seitensprung ist also meist das Symptom einer Partnerschaftskrise. Beide Partner dürfen sich deshalb nicht nur damit beschäftigen, über den Seitensprung zu reden. Sie müssen vielmehr überlegen: Wann haben wir uns auseinandergelebt? Meist gibt es bestimmte Momente, bei denen die innere Trennung begann. Die Aussage eines Ehemanns soll dies verdeutlichen: »Du wurdest immer zurückhaltender. Wenn ich mit dir reden wollte, hast du noch gelesen, wenn ich dich berührte, warst du müde, wenn ich dir geholfen habe, hast du das nicht mehr zur Kenntnis genommen. Ich zog mich dann immer mehr zurück und ging in die innere Emigration«, sagte ein 50-jähriger Bauleiter. Er legte immer mehr Distanz ein, weil er die Partnerschaftskrise nicht lösen konnte. Seine Frau beklagte, er würde häufig zu spät nach Hause kommen, sich zu wenig um die Kinder und den Haushalt kümmern. Doch diese Klagen führten eher dazu, dass er noch mehr arbeitete. Er ließ sich nicht gern drängen und zog sich zurück. Seine Frau versuchte schließlich noch mit ihm zu reden, sie wollte seinen Rückzug aufhalten, war sich allerdings kaum darüber im Klaren, dass sie dazu selbst mehr Näheangebote machen musste. So begann eine Partnerschaftskrise, bei der beide davon überzeugt waren, dass sie im Recht waren. Und nachdem der Ehemann fremdging, hatte die Ehefrau die moralische Überlegenheit.

Es ist sehr schwierig, eine solche Krise zu überwinden. Man muss ja nicht nur Ursachenforschung betreiben und die Gründe dafür aufarbeiten. Denn dies gelingt anfänglich kaum. Jeder bringt seine Argumente vor, geht kaum auf den anderen ein, so dass sich beide blockieren. Zunächst muss also eine Bereitschaft zum Zuhören, zum Aufeinander-Zugehen entstehen. Jeder muss wieder stärker auf den anderen eingehen und seine Vorbehalte ein wenig zurückstellen. Es ist zwar wichtig, dass man über das Geschehene redet, aber noch wichtiger ist es, dass man den anderen begreift. Wir müssen mit viel Interesse lernen, ergebnisoffen zu reden. Schnelle Erfolge bringt dies nicht, aber es führt dazu, dass man sich füreinander interessiert.

Der Bauleiter machte also seiner Frau deutlich: »Du warst so bedrängend – ohne wirklich liebevoll zu sein, du hast mir keine Luft mehr gelassen, ich habe schon gespürt, dass du etwas wolltest ... aber ich konnte nicht. Wenn du freundlich gewesen wärst und ein wenig Abstand hergestellt hättest, ich wäre gekommen. Aber so konnte ich nicht. Das ging mir schon als Kind so, wenn meine Mutter drängelte. Ich brachte dann bewusst den Mülleimer nicht runter. Als wäre ich trotzig, aber ich wollte nicht, dass ich nur ein Spielball von ihr bin.«

Seine Frau war bei diesen Aussagen zunächst angespannt-ambivalent. Aber sie spürte doch seine Bemühung, sie ahnte, dass er auch ihre Bedürfnisse ernst nehmen wollte und erklärte nun selbst: »Mein Vater war nie da, fast nie. Jedenfalls nachdem ich 5 Jahre alt war. Damals hatte er begonnen, ein Haus zu bauen. Ich hatte immer das Gefühl, dass ihm dieses Haus wichtiger war als ich. Und bei dir ging es mir dann ähnlich. Ich kann dann nicht mehr freundlich sein.«

Eine solche Verständigungsarbeit gelingt, wenn sich beide bemühen, die innere Seelenmechanik des anderen zu begreifen. Wenn sie die Vorwürfe überwinden und sich wieder füreinander öffnen. Dann können beide wieder zusammenwachsen.

Sie sind sicher erstaunt, dass ich bisher noch nichts zur unmittelbaren Bewältigung des Seitensprungs gesagt habe. Natürlich ist die »Betrogene« immer daran interessiert, vor allem darüber zu reden. Das ist verständlich, denn sie ist ja nicht nur massiv gekränkt worden. Hier liegt eine tatsächliche Bedrohung der Ehe vor. Insofern will sie natürlich erfahren, warum er fremdgegangen ist. Oft will sie auch wissen: Wann hat es begonnen? Wie ist sie? Was hat sie, was ich nicht habe? Diese Fragen sind berechtigt und verständlich. Und die Ehefrau muss natürlich das Gefühl bekommen, dass sich ihr Mann wieder ernsthaft um sie bemüht. Sonst hat die Therapie keine Chance. Doch in dieser Phase der Behandlung muss er sich nicht für sie entscheiden. Das kann er auch nicht, solange die Probleme nicht geklärt sind. Und ich bin von einer Tatsache überzeugt: Die meisten Seitensprünge haben interne Ursachen. Wenn man diese klärt, entfällt die Grundlage für den Seitensprung. Das ist ähnlich wie mit einem feuchten Haus. Wenn man vorübergehend in ein Hotel zieht, mag das nicht zukunftsweisend sein. Besser wäre vielleicht, dass man das Haus saniert. Dass man wieder gern in dem Haus wohnt. Kurzum: dass man wieder gern mit dem Partner zusammen ist. Und genau dies ist der Sinn einer Paarberatung.

Sich entschuldigen können

Wenn die Beziehung Bestand haben soll, muss sich der Seitenspringer auch entschuldigen können. Denn er hat Schuld in dem Sinne auf sich geladen, dass er dem Partner geschadet hat. Er hat dessen Selbstwertgefühl beschädigt. Hier ist eine Ent-Schuldigung angebracht. Doch diese setzt voraus, dass er sich vorher anhört, was dieser Seitensprung im Partner angerichtet hat. Dies muss er aushalten. Eine Patientin sagte ihrem Mann:

»Das stimmt ja, dass wir uns auseinandergelebt haben. Und es stimmt, dass wir wenig miteinander geschlafen haben. Aber dass du dann mit diesem jungen Ding etwas angefangen hast, die ich auch kannte – das fand ich frech. Das hat mich umgehauen, weil ich mich so auf dich verlassen habe. Und das kannte ich ja schon immer im Leben: dass man andere vorzieht. Meine kleine Schwester war irgendwann Vaters

Liebling. Und nun du, das hat mich wahnsinnig gekränkt.« Natürlich hat der Seitenspringer immer Gründe für sein Verhältnis. Und ich bin grundsätzlich der Meinung, dass tatsächlich beide an dem Scheitern einer Beziehung beteiligt sind. Dennoch unterstütze ich es, dass sich der »Fremdgeher« entschuldigt, weil dadurch eine moralische Kränkung ein wenig geheilt wird. Und dies erleichtert die Aufarbeitung der Krise.

Wie Vertrauen wieder wächst

Wenn eine solche Paarberatung gelingt, wächst allmählich wieder Vertrauen. Aber wirklich hergestellt ist es auch nach Monaten noch nicht. Dann kann es wichtig sein, dass vertrauensbildende Maßnahmen erfolgen. Ein Ehemann bot beispielsweise seiner Frau an, sie könne sein Handy, den Computer und auch seinen Kalender kontrollieren. Sie lehnte dies jedoch ab: »Er kann mich doch auch so betrügen. Das sind doch alles keine Beweise. Und vor allem: er muss sich um mich bemühen. Ich will nicht, dass er den kleinen Jungen spielt ... Natürlich ist mir diese Entscheidung schwer gefallen. Ich hätte ja durchaus eine gewisse Macht gehabt. Und man ist ja auch neugierig. Jetzt sind einige Jahre vergangen, so ganz ist das Vertrauen noch immer nicht da. Es ist vielleicht wieder zu 98 Prozent vorhanden. Aber die 100 Prozent, die es vorher gab, sind durch den Seitensprung einfach weg. Es gab einen Riss in der Beziehung.«

Oft wird jedoch der »Fremdgeher« fast jahrelang seiner Ehefrau erklären, wo er war, warum er später kam, was er tagsüber gemacht hat. Er muss einen tiefen Einblick in seinen Tagesablauf geben, damit seine Frau wieder Sicherheit verspürt. Denn die Heimlichkeit des Seitensprungs hat gerade das Gefühl der Verlässlichkeit zerstört. Allerdings ist es wichtig, dass nun kein lückenloser Nachweis aller Aktivitäten erfolgt, sonst kann der Partner keinen Schritt mehr allein machen.

Der seelische Schadensersatz

Man kann sich überlegen, ob nicht der »Fremdgeher« einen seelischen Schadensersatz leistet. Diese Überlegung mag zunächst
verwundern. Der bzw. die Betrogene sind doch meist an der Un-
treue-Situatuion beteiligt. Und wir sind es im täglichen Leben
nicht mehr gewohnt, dass wir vom Verzeihen sprechen. Aber
wir müssen uns eines vor Augen führen. Ein Seitensprung ist
immer eine schwere Kränkung des Partners. Es ist eine seelische Ohrfeige, vor allem dann, wenn wir ihn monatelang betrogen haben. Das schädigt dessen Selbstachtung, die ja immer
auch darauf beruht, dass ich für einen anderen Menschen einzigartig bin. Deshalb ist jedes: »wir machen weiter« so verhängnisvoll. Natürlich darf die Betrogene ihm den Seitensprung
nicht fortwährend vorhalten. Aber es wäre doch wünschenswert, wenn die Betrogene spürt: Er meint es wirklich ernst, es
tut ihm leid, er sieht mich wirklich. Ich will Ihnen deshalb einige
Beispiele schildern, die in den letzten Jahren erfolgreich dazu
geführt haben, dass ein Paar wieder zusammenwuchs.

Beispiel 1: Sie hatte sich immer wieder von ihm gewünscht,
dass sie gemeinsam einen Tanzkurs machen würden. Er hatte
dies abgelehnt – besser gesagt: er wich dem aus. Aber sie be-
gründete dies sehr genau: Sie wolle, dass es Körperkontakt
nicht nur im Bett gebe, sondern eine lustvolle, lebendige Um-
armung, ein sich spüren auch in der Freizeit. Und sie ver-
sprach ihm, seine Ungeschicklichkeiten nicht zu kommentie-
ren, sondern humorvoll zu »ertragen«. Nun stimmte er zu und
sie meldeten sich zu einem Tanzkurs an.

Beispiel 2: Sie hatte ihren 50. Geburtstag: Er sammelte viele
Fotos, sprach mit alten Klassenkameradinnen, vielen Freundinnen, er drehte einen kleinen Film über ihr Leben, lud all jene
Menschen zu einem Fest ein, die bisher ihr Leben begleitetet
hatten … und hielt eine Rede, in der er deutlich machte, was an
ihr besonders war … Und sie spürte bei dieser Gelegenheit,
dass er sich wirklich um sie bemühte, dass es ihm ernst war.

Beispiel 3: Sie war Kunsthistorikerin und hatte sich immer gewünscht, mit ihm eine Reise nach Rom, Florenz und Athen zu unternehmen. Doch er hatte eine leichte Flugangst und sein Interesse galt mehr der Technik. Aber er wollte einmal ihre Welt mit ihren Augen sehen, er wollte sich die Kunst von ihr erklären lassen. Für sie war dies ein deutliches Zeichen, dass er sie ernst nahm.

Kinder, Heiraten, Schmuck

Es gibt jedoch immer wieder Liebesbeweise, denen ich skeptisch gegenüber stehe. Da wird nach einem Seitensprung plötzlich geheiratet, obwohl dieser Schritt vieles eher zukleistert und keine wirkliche Auseinandersetzung stattfindet. Oder noch schlimmer: man beschließt Kinder zu bekommen. An sich ist dies natürlich eine wundervolle Idee. Es ist ein gemeinsames »Projekt«, das eine Beziehung stabilisieren kann. Wir wissen zwar, dass Kinder zunächst oft eine Belastung für eine Partnerschaft sind. Deshalb müssen zwei Menschen ein gutes Team sein, nur dann bewältigen sie auch das Projekt Kindererziehung. So werden Kinder langfristig zu einem guten Bindungsfaktor. Aber es ist meist keine gute Idee, dass man Kinder bekommt, um die Risse der Ehe damit zu kitten. Und das gilt für alle langfristigen Projekte: Da werden Häuser gebaut als Zeichen der Ernsthaftigkeit. Und natürlich ist es auch immer sehr beliebt, Schmuck zu schenken. Vielleicht wären Liebesbriefe manchmal besser.

Eifersucht als Motor

Und es ist verhängnisvoll, wenn die Eifersucht zu schnell erlischt, sobald das Fremdflirten oder die Untreuesituation beendet sind. In meinem engeren Bekanntenkreis erlebte ich in den letzten Jahren eine typische Entwicklung. Eine sehr lebendige, lebenshungrige Frau war mit einem netten, eher gehemmten Mann zusammen, der sehr versorgend war. Er war ein netter Kerl, sah gut aus, aber er hatte sich nie vom eigenen Elternhaus freigeschwommen. Er war in jeder Hinsicht »anständig« – zuvorkommend, die Erotik war nie überschäumend, die Sexualität sei eher zäh gewesen. Nach etlichen Ehejahren ging daraufhin die Frau fremd, sie hatte nie Schuldgefühle dabei, obgleich sie aus einem sehr konservativen Elternhaus stammt. Sie hatte nie das Gefühl, ihrem Mann etwas wegzunehmen. Als er den nicht zu übersehenden Seitensprung seiner Frau nach einem Jahr (!) registrierte, stellte er sie zur Rede. Sie beendete daraufhin den Seitensprung, ihr Mann wurde im Bett ein wenig aktiver. Er spürte, dass sie unzufrieden war. Aber nach wenigen Monaten schlief die Sexualität wieder ein, wurde mehr oder minder zur »Pflichtveranstaltung«. Und diese lebenshungrige Frau ärgerte sich, dass sie ihren Seitensprung geopfert hatte.

Die offene Ehe

Es gibt natürlich auch Paare, die sich darauf verständigt haben, eine offene Ehe zu führen. Sie leben nach dem Motto »Polyamorie«, man liebt mehrere Partner gleichzeitig. Einen Blumenstrauß der Liebe nennen das die Betroffenen. Auf diese Weise hat man dann keine Heimlichkeit, alles passiert offen, es gibt keinen Betrug. Und die Vertreter der Polyamorie betonen, dies sei die wirkliche Liebe, weil es keinen Besitzanspruch gäbe. Doch unproblematisch sind solche Arrangements nicht. Dies wurde mir auch deutlich, als ich kürzlich bei einer Talkshow die sehr attraktive Holländerin Ageeth Veenemans traf, die ein Buch über ihre Beziehung mit zwei Männern geschrieben hat. Sie ist eine der Expertinnen für Polyamorie, was sie mit dem Schlagwort »lieben ohne Grenzen« übersetzt. Doch konfliktfrei sind solche Beziehungen nie. Immer ist ein Partner der innere Dreh- und Angelpunkt unseres Lebens, die anderen sind eher beiläufige Begleiter und das gesamte Arrangement der Liebe ändert sich ständig. Eifersucht ist bei einer solchen Übereinkunft deshalb an der Tagesordnung.

Es geht immer um Nähe und Distanz

Und eines sollten wir immer wissen, es geht bei einem solchen Arrangement nie in erster Linie um Sexualität. Vielmehr steht der Wunsch nach einer intensiven Bindung, gleichzeitig aber nach viel Freiheit im Mittelpunkt unserer Bedürfnisse. Aber dies erkennen wir oft erst, wenn wir die Lebensumstände genauer kennen und dann sehen wir zum Beispiel, dass hinter dem Liebespakt von Sartre und Beauvoir der Wunsch nach intensiver Bindung bei gleichzeitiger Freiheit stand. Sartre war immer ein sehr unsicherer Mensch, der auf eine feste Bindung mit einer selbstbewussten Frau angewiesen war. Aber gleichzeitig suchte er Autonomie, er ahnte, dass er bei Simone de Beauvoir immer in einer Unterlegenheitsrolle sein würde, dass er zu abhängig sein würde. Und so traf er ein Arrangement, er hatte eine Lebenspartnerschaft mit Simone de Beauvoir, gleichzeitig ging er aber mit anderen Frauen ins Bett. Und dies beunruhigte die scheinbar unerschütterliche Simone, die unter unsäglichen Eifersuchtsgefühlen litt. Und so lernen wir: Das Arrangement einer freien Ehe geht meist von Männern aus, während die beziehungsvolleren Frauen zustimmen. Dies Arrangement lässt sich nur praktizieren, wenn beide ihre Gefühle des Vertrauens und der zuweilen vertrauensvollen Anhänglichkeit extrem verringern. Ein Elektriker würde sagen: Man dimmt die Gefühle runter. Und im Operationssaal würde man dies als eine Anästhesierung der Gefühle bezeichnen. Man verliert also viel, wenn man versucht, das Konzept der Treue aufzugeben.

Ich weiß nicht, zu wem ich gehöre,
ich bin doch zu schade für einen allein.
Wenn ich jetzt grad dir Treue schwöre,
wird wieder ein anderer ganz unglücklich sein.

Friedrich Hollaender

Die Eifersuchts-Untreue-Spirale

Die Verzahnung

Oft ist die Eifersucht innerhalb der Partnerschaft rätselhaft. Nicht immer geht ein Partner fremd. Nicht immer hat er eine Neigung zum Fremdflirten. Nicht immer liegt eine schwere Ehekrise vor. Und doch kann man auch in solchen Fällen vermuten, dass beide Partner an der Problematik beteiligt sind. Häufig handelt es sich dann um eine Verzahnung. Ich nenne dies so, weil wie bei einem Zahnrad das Verhalten eines Partners in Wechselwirkung zum Verhalten des anderen steht. Dies ist vor allem dann der Fall, wenn jeder einseitig lebt und die fehlenden Anteile an den anderen delegiert. Lassen Sie mich das etwas ausführlicher erklären: In jeder Partnerschaft geht es immer um das Spannungsverhältnis von Nähe und Abstand, von gemeinsamem Leben und Verbindlichkeit einerseits und dem eigenen Leben und Distanz andererseits. In einer lebendigen Partnerschaft muss jeder beide Seiten ausleben. Doch oft müssen wir feststellen, dass einer nur die eine Seite, der andere die Ergänzung lebt. Das kann dann bedeuten, dass einer immer treu und beständig und Nähe suchend ist, während der andere untreu ist und sich eher distanziert verhält. Und die Schwierigkeit besteht nun darin, dass sich die Eigenschaften beider Partner verzahnen. »Ich bin untreu, weil du mich so bedrängst – ich muss dich bedrängen, weil du so untreu bist …« lautet die Kommunikation dieser Partnerschaft.

Lass die Flausen sein ...

Solche Verzahnungen sind oft nicht leicht zu erkennen. Da streitet sich ein Paar ständig, sie übernimmt die Beziehungsarbeit in der Partnerschaft, stellt immer wieder Nähe her, verhält sich sehr verbindlich. Er geht fremd, flirtet viel, ist aber sehr charmant. Deshalb denkt sie nicht daran, sich zu trennen. Vielmehr redet sie immer heftiger auf den Partner ein, fordert ihn auf, endlich einmal treu zu sein und sich an das Eheversprechen zu erinnern. Als Psychotherapeut ist man dann leicht geneigt, das Problem sehr einseitig zu sehen. Man schlägt sich auf die Seite der treuen Partnerin und ist sich gemeinsam darüber einig, dass der Ehemann endlich seine Flausen sein lassen müsste – so der Wunsch dieser Patientin. Gemeinsam ist man dann davon überzeugt, dass der Ehemann seelisch gestört ist, eine schwierige Kindheit hatte und eine Therapie braucht. Doch so einfach ist es eben nicht.

Auch die sogenannte beziehungsvolle Partnerin ist an der Problematik beteiligt. Oft lebte sie in einem sehr bedrängenden, engen Elternhaus, durfte sich nicht richtig ablösen, war nie wirklich eigenständig. Und nun suchte sie sich einen Partner, der sie nicht zu sehr bedrängte und gleichzeitig jene Entwicklungsanteile übernahm, die sie nicht ausleben durfte. Er hatte es gelernt »Ich« zu sagen, distanziert zu sein, sich abzugrenzen. Dann ergibt sich folgende Paardynamik:

- Der untreue Partner ist auf den treuen Partner als Lebensbasis angewiesen. Er bekommt so jene zuverlässige Bindung, die er bisher vermisste. Und für ihn wiederholt sich gleichzeitig das Erlebnis einer bedrängenden Nähe, das er kennt.
- Der treue Partner wiederum ist auf die lockere Lebensart, die Expansion, den Wandel des untreuen Partners angewiesen. Dieser lebt etwas aus, was er nie leben durfte: nein zu sagen, sich abzugrenzen.

Beide ergänzen sich ...

Beide sind also aufeinander angewiesen, doch zur Tragik solcher Partnerschaften gehört es, dass die Dynamik die einseitigen Eigenschaften verstärkt. Es findet keine wirkliche Entwicklung statt. Der Untreue fühlt sich ewig bedrängt, fragt immer wieder: Warum lässt du mir das bisschen Vergnügen nicht? Das wird fortwährend thematisiert und man spürt: Hier geht es nicht nur um das Thema Treue, es geht auch um das Thema Freiräume. Und natürlich ist in dieser Situation eine Aufarbeitung der Partnerschaftskrise schwierig. Denn der Eifersüchtige hat starke Beziehungsängste, er klebt an der Partnerin und müsste sich stattdessen mit seinen weitgehend verdrängten Wünschen nach Freiheit und Autonomie beschäftigen.

Mir fällt bei diesen Lebensentwürfen oftmals auf, wie wenig Freiheit sich beide geben. Das ist teilweise durchaus verständlich, denn je länger die Auseinandersetzungen laufen, desto mehr ist die »Betrogene« verunsichert und klammert und wird den Partner bedrängen.

Er liebte den Fürsten Pückler

Lassen Sie mich diese Problematik an einem kurzen Fallbeispiel erläutern. Eine 30-jährige Technikerin kam zu mir, weil ihr Mann immer fremdging. Sie kannte ihn schon seit zehn Jahren und berichtete, er sei immer hilfsbereit gewesen, habe ein großes Herz für Frauen gehabt. Und sein Lieblingsautor sei der Fürst Pückler gewesen – der immer fremdging. Sie habe ihm dann gesagt, dass sie das Leben von Pückler auch interessant fände. Jedenfalls habe dies zu dem Missverständnis geführt, dass sie mit seiner Untreue einverstanden sei. »Ich mochte ihn sehr, bedrängte ihn nicht, wir heirateten. Aber ich wusste immer, dass er eine Angst vor zu viel Nähe hatte. Das ging einige Jahre gut, dann flirtete er mehr mit

Frauen, schließlich ging er fremd. Er war immer ein Mensch, der viel für sich machen musste, er konnte mich nie um etwas bitten. Er konnte nie Wünsche äußern.«

Ich lernte diesen Ehemann kennen, unterhielt mich auch allein mit ihm, und es wurde deutlich, dass er eine sehr schwierige Mutterbeziehung hatte. Sie sei eine sehr resolute Frau gewesen, die nur wegen der Kinder geheiratet hatte. Und sie habe immer für die Kinder gelebt, wenn sie nach Hause kamen, mussten sie sofort Bericht erstatten. Und an seiner Zimmertür hing ein Schild: Nicht abschließen. So hatte er eine Abneigung gegen jede Form von Einengung entwickelt, gleichzeitig brauchte er aber viel Nähe. Dieser Konflikt beherrschte sein Leben. Ganz binden wollte er sich nie. Er suchte immer die Freiheit und wollte deshalb kein Treue-Versprechen abgeben. Dennoch suchte er die Nähe und die Beständigkeit, er war geradezu darauf angewiesen. Aber er wollte nicht für das Glück seiner Frau verantwortlich sein. Diesen Konflikt zwischen Nähe- und Distanzwünschen habe ich genauer in einem Buch (Freiraum für die Liebe) beschrieben. Er ist der Grundkonflikt der Liebe und in jeder Partnerschaft vorhanden.

Der Wunsch nach zu viel Nähe

Doch bei diesem Ehemann trat der Konflikt verschärft auf, er war empfindlich gegen jede Form von Beeinflussung. Er hatte in seinem Raum einige Topfpflanzen, die er wohl falsch behandelt hatte. Sie ließen die Blätter fallen, sahen gelb aus. Seine Frau machte ihm deshalb den Vorschlag, er solle sie umtopfen und düngen und weniger gießen. Darauf sagte er nur »Hmmm« und kümmerte sich nun überhaupt nicht mehr um seine Pflanzen. Man spürt deutlich, wie überempfindlich er gegenüber allen Ratschlägen war, die er sofort als Einmischung empfand. Man ahnt, dass hier nur eine Therapie helfen kann. Doch was wäre das Ziel einer solchen Therapie?

Er müsste lernen, sein eigenes Leben zu leben, um wirklich unabhängiger zu werden. Dazu würden vor allem Freundschaften gehören. Doch diese pflegte er nicht, er war immer auf jene engen Beziehungen mit Frauen angewiesen, die er bereits von Kindheit an kannte. Dort fühlte er sich wohl. Beziehungen zu Frauen wurden für ihn aber schnell erotisch und intensiv. Es entstand eine lustvolle, aber auch bedrängende Nähe, die er trotzig relativieren musste. Und das konnte er nur, indem er mit anderen Frauen erotische Bindungen einging.

Beide sind beteiligt

Nun könnte man meinen, dass die Untreue des schwierigen Ehemannes bereits alles erklärt. Doch es gibt die These, dass jeder in einer Partnerschaft einen 50 Prozent-Anteil an der Krise besitzt. Diese These hat mich, obgleich sie oft stimmt, früher sehr geärgert. Wenn man sie so absolut formuliert, verwischt sie zu viel, man gibt sich zu schnell mit dieser Erklärung zufrieden und sucht nicht nach den wirklichen Ursachen. Und diese Ursachen sind oft nicht gut zu erkennen, gerade wenn das Verhalten eines Partners sehr »lärmig« ist. Denn was kann der Anteil der »Betrogenen« an dieser Problematik sein?

Zunächst fällt doch auf, dass sie einen Mann heiratete, obgleich sie von Anfang an ahnen konnte, dass er nicht treu sein würde. Allerdings werden Sie vielleicht sagen, dass es vielen so geht. Man verliebt sich in einen Mann, der gern flirtet und hofft, diesen ganz für sich gewinnen zu können. Dafür habe ich durchaus Verständnis, obgleich es fast nie gelingt, mit einem solchen Mann glücklich zu werden. Aber mir fiel auf, mit welcher Inbrunst, welcher Entschlossenheit diese junge Frau immer nur über ihren untreuen Mann sprach. Auch dafür hatte ich Verständnis. Eine fortwährende Untreue ist etwas, woran wir uns meist nie gewöhnen können. Und trotzdem fing ich an, mich mehr für das Leben dieser Frau zu interessieren. Ich hatte fast den Eindruck, dass sie ein wenig auf ihm »hockte«, ihm die Luft nahm, dass sich alles auf ihn konzentrierte. Sie hatte keine Freundschaften: »Was soll ich denen denn erzählen, ich rede doch immer nur über mich und ihn. Das langweilt doch alle.« Mich beunruhigte also, dass sie keine Freundschaften pflegte – sie hätten ein fester Halt in ihrem Leben sein können. Ich spürte, dass das Problem tiefer liegen musste und fragte nach ihrer Kindheit. Sie stammte aus einem kleinbürgerlichen, sehr engen Elternhaus. Ihr Vater hatte immer die Erwartung, dass aus ihr etwas Vernünftiges werden sollte. Die Grenzen des Elternhauses waren eng gesteckt, alles war vorherbestimmt. Sie durfte abends kaum weggehen, noch mit 18 Jahren wurde ihr alles vorgeschrieben. Eine Pubertät hatte nicht stattgefunden, sie durfte nie »nein« sagen. Dies ist eine wichtige Entwicklungsetappe, die für die Selbstfindung unentbehrlich ist. Dabei war ihr durchaus nach Protest zumute, denn sie hatte einen jüngeren Bruder, der ihr immer vorgezogen wurde. Dass ihr die Zuwendung entzogen wurde, war ihr also vertraut. Doch sie klagte nicht, blieb immer die brave Tochter, die sich nie richtig ablösen konnte. Noch heute besucht sie alle 14 Tage ihre Eltern. Frei zu sein, das ist auch ihr Wunsch und folgerichtig suchte sie sich einen Partner, der sie nicht bedrängte. Er lebte jene Eigenwilligkeit aus, die ihr fehlte. Und doch gibt es bei beiden ein gemeinsames Thema: Sie suchen viel Freiheit und gleichzeitig Bindung. Keiner von ihnen hat Freundschaften, keiner unternimmt etwas allein. Beide erleben in der Partnerschaft eine Wiederholung jener Kindheitsprozesse, die sie als krankmachend erlebten. Er wird bedrängt, sie wird entthront.

Auf diese Weise entstand zwischen den beiden eine klassische Untreue-Treue-Dynamik: Je eifersüchtiger sie wurde, desto untreuer verhielt er sich. So steigerte sich eine anfängliche Problematik zu einem unerbittlichen Machtkampf. Der untreue Partner wurde dabei immer stärker in die Defensive gedrängt. Die treue Partnerin fühlte sich immer mehr im Stich gelassen. Jürg Willi hat dies einmal mit der Eifersuchts-Un-treue-Kollusion beschrieben. Er macht deutlich, dass jeder dem anderen Schuld gibt. Dabei war die treue Partnerin in der moralisch besseren Position und konnte auf meine Unterstüt-zung hoffen. Und so hatte sie auch nur ein Lieblingsthema: »Mein Mann muss sich ändern«.

Bei allem Verständnis dafür fiel mir allerdings eines auf: Sobald sie etwas mehr Abstand einlegte, ein wenig mehr auf ihr Eigenleben achtete, hörte er auf, mit anderen Frauen zu flirten. Eines Tages berichtete sie mir: »Bisher haben wir im-mer endlos geredet. Er teilte mir häufig mit, mit welchen Frauen er sich treffen wollte. Wir redeten dann und redeten. Er erklärte mir, warum er nicht treu sein kann, ich war ver-letzt. Er fragte, warum gönnst du mir nicht das bisschen Liebe? Ich fragte: Warum kränkst du mich so? Es war ver-fahren. Aber dann zog ich mich einfach zurück, schlief im Wohnzimmer, hörte auf zu reden. Und – schwupps – war er da, brachte mir morgens meinen Tee, von den anderen Frauen war keine Rede mehr.«

Kann die Liebe heilen?

Eine befreundete Kollegin sagte mir kürzlich: »Es läuft des-halb so gut mit meinem Mann, weil keiner versucht, seine Probleme über den anderen zu lösen.« Das eben ist genau das Problem bei vielen Untreue-Partnerschaften, wo sich jeder am anderen abarbeitet. Die Lösung beginnt also damit, dass sich jeder auf sich selbst besinnt. Natürlich haben wir trotzdem Er-wartungen an den Partner. Wir sehnen uns nach Gesprächen, Zärtlichkeiten und Sexualität. Und wir hoffen immer in einer Liebesbeziehung, dass uns der Partner durch seine Liebe heilt, dass seelische Verwundungen durch neue, bessere Er-fahrungen korrigiert werden können. Leider aber gehen sol-che Hoffnungen häufig nicht in Erfüllung, denn oft suchen wir uns einen Partner, der sich weigert, das große Liebesverlangen zu erfüllen. Das mag verwundern, ist aber durchaus sinnvoll. Stellen Sie sich einmal vor, dass Sie in der Kindheit nicht gut behandelt wurden. Es wäre dann doch viel zu gefährlich, sich einen Mann zu suchen, der immer wieder Nähe herstellt. Von ihm wären wir viel zu abhängig, zu verletzlich. Aber wenn dieser gelegentlich Nähe herstellt und ansonsten freiheitsbewusst ist, können wir erheblich besser damit umgehen. Wir fühlen uns etwas geliebt, behalten aber unsere grundsätzliche Skepsis gegenüber Männern, fühlen uns dadurch auch nicht so verletzlich und hilflos. Dennoch bricht unser Wunsch nach großer Nähe immer wieder durch. Und das nervt diesen Mann, der so freiheitsliebend ist. Immer wieder hört er, dass man Angst habe, er würde fremdgehen. Tatsächlich neigte er früher zu Seitensprüngen und schließlich ist er so genervt, dass er dies Verhalten wieder aufnimmt. Für die Ehefrau ist dies eine absolut traumatische Erfahrung. Sie ist zu Recht verletzt, ihre schlimmsten Erwartungen sind Wirklichkeit geworden. Für sie hat es sich wieder gezeigt: Wo wir hoffen, können wir auch verletzt werden. Der Ehemann sieht dies natürlich völlig anders. Er wird argumentieren, dass er durch die ständigen Eifersuchtsanfälle regelrecht in die Untreue getrieben worden sei. Er empfand seine Frau als so nervig, übergriffig, dass er durch einen Seitensprung wieder den vernünftigen Abstand herstellen musste. Salomonisch könnte man feststellen: Beide haben sich nicht sehr geschickt verhalten, haben sich verletzt und die Beziehung aufs Spiel gesetzt. Es ist eine negative Spirale entstanden, weil die Grundängste beider Partner immer wieder aktiviert wurden:

- sie: Es gibt keine beständige Nähe, deshalb muss ich klammern
- er: Ich bin immer bedrängt worden, Frauen können uns Männer nie in Ruhe lassen, deshalb muss ich fremdgehen.

Provozieren wir die Untreue?

Provozieren nicht die eifersüchtigen Partner das Fremdgehen? Sie verhalten sich mitunter so ungeschickt, dass sie tatsächlich das erleiden, was sie befürchten: die Untreue des Partners. Wer wenig eifersüchtig ist, reagiert meist erheblich geschickter. Er kennt jene Doppelstrategie (man muss werben und Nähe herstellen, gleichzeitig aber immer wieder dem Partner genügend Freiheit geben), die eine Beziehung zum Atmen bringt. Dann fühlt sich der Partner umworben und gleichzeitig entsteht in ihm eine Sehnsucht nach mehr Nähe.

Gibt es Unterschiede in der Eifersucht zwischen Männern und Frauen?

Bei meinen Forschungen fiel mir auf, dass Frauen häufiger eifersüchtig sind, während Männer Eifersuchtsgefühle eher verdrängen. Sind also Frauen und Männer unterschiedlich eifersüchtig? Diese Frage kann man mit einem typischen Jein beantworten. Natürlich gibt es Unterschiede im Eifersuchtsverhalten zwischen Männern und Frauen, aber es ist umstritten, womit sie zusammenhängen. Lange ging man davon aus, dass die Familienverhältnisse eine große Rolle spielen. Vor allem für den Ernährer muss es wichtig sein, Seitensprünge der Frau zu erkennen. Bei vier Prozent der Geburten handelt es sich nach aktuellen Untersuchungen um Kuckuckskinder, aber es ist damit zu rechnen, dass durch bessere Nachweismöglichkeiten diese Zahl steigt. Die Dunkelziffer ist erheblich. Und wenn Männer einen Verdacht haben, trifft dieser in bis zu 50 Prozent aller Fälle zu. Kinder kosten bis zu 120 000 Euro bis zum 18. Lebensjahr. Und wie viel Herzblut »investieren« wir in die Kinder? Da würden viele Väter dann doch gern genau wissen, dass es sich wirklich um die eigenen Kinder handelt. Und früher wollten natürlich auch die Frauen die Gewissheit haben, dass der Ernährer nicht plötzlich weg war.

Doch diese eher sachlichen Aspekte spielen bei der heutigen Eifersucht eine immer geringere Rolle. Inzwischen gibt es in mehr als 50 Prozent der Ehen keine Kinder und die Verhütungsmethoden sind heutzutage so sicher, dass ungewollte Schwangerschaften eher selten sind. Und Frauen würden heutzutage Kinder notfalls allein großziehen. Die Erklärung: Eifersucht zum Schutz der Familienbindungen fällt also teilweise fort.

Die Eifersucht auf Gesprächsbeziehungen

Dennoch steht für mich fest: Es gibt Unterschiede in der Eifersucht zwischen Männern und Frauen. Zwar ist eine solche Generalisierung schwierig, denn Frauen können heutzutage sehr männlich und Männer sehr weiblich sein – wenn man sie nach den herkömmlichen Rollenmustern beschreibt. Aber tatsächlich sind Frauen eher eifersüchtig, wenn eine tiefere emotionale Bindung entsteht. Männer sind eher eifersüchtig und tief gekränkt, wenn Frauen eine sexuelle Beziehung herstellen. Dieser Unterschied hängt nach meiner Einschätzung damit zusammen, dass Frauen sensibler sind und andere Erwartungen an eine Beziehung haben. Die meisten Frauen wollen vor einem eines: Sie wollen reden, suchen eine emotional innige Beziehung. Sie wollen eine wirkliche Nähe mit dem Partner aufbauen. Deshalb sind Frauen so eifersüchtig, wenn ihre Männer eine intensive Gesprächsbeziehung eingehen. Sie merken dann: Das ist fast mehr als Sexualität, das könnte eine Liebesbeziehung werden. Denn dann erlebt eine andere Frau genau jene Nähe, die sie selbst entbehren. Zu Recht haben Frauen oft Angst, dass sie im Laufe der Ehe auf die Rolle der Hausfrau und der Sexualbeziehung reduziert werden. Eine eifersüchtige Frau sagte mir: »Ich habe gar nicht so große Angst, dass mein Mann fremdgeht. Wir haben eine ganz gute Sexualität. Aber Angst habe ich, wenn er so intensiv mit anderen Frauen spricht. Das gilt vor allem für die Arbeit. Dort ist er in einem Team damit beschäftigt, dass man neue Konzepte für die Vermarktung von Produkten sucht. Man tauscht Ideen aus, ist immer wieder im Gespräch, albert herum, isst zusammen. Das ist eine Form intensiver Nähe, die ich oft mit meinem Mann nicht habe. Und es gibt dort auch sehr hübsche und intelligente Frauen. Da bin ich eifersüchtig. Ich rede mit ihm nur über Kindererziehung und Haushalt. Aber mit seiner Assistentin hat er interessante Gespräche und verbringt mehr Zeit mit ihr als mit mir.«

Ganz unberechtigt ist die Eifersucht auf diese Kollegin nicht. Durch die gemeinsame Arbeit kann tatsächlich eine emotionale Verbindung entstehen, die tiefgreifender als jeder Seitensprung ist. Natürlich ist ein Seitensprung ein Drama. Wir sind doch unendlich gekränkt, wenn der Partner mit einer anderen Frau ins Bett geht. Es ist ja nicht nur eine körperliche Berührung, die dann stattfindet. Das könnte man ja akzeptieren, schließlich umarmt man sich heutzutage viel häufiger und küsst sich auf die Wange. Doch die Sexualität ist eines der tiefsten, körperlich-seelischen Erlebnisse, die wir kennen. »Im Sex drücke ich meine ganze Persönlichkeit aus, viel direkter als sonstwo, ja?«, sagte Maxi Wander einmal. Insofern kann die Sexualität ein so gewaltiges Erlebnis sein. Und es ist natürlich beunruhigend, wenn unser Partner die Sexualität auch mit anderen teilt. Wir erlauben ihm ja im Allgemeinen mit anderen zu reden, zu telefonieren, ins Kino zu gehen – aber die erotische Begegnung soll uns vorbehalten bleiben.

Der seelisch-geistige Seitensprung

Wir könnten uns mit vielem arrangieren, aber den Bereich der Sexualität wollen wir doch für die Partnerschaft reserviert wissen. Oder wie würden Sie es finden, wenn Sie wüssten, dass er eine andere Frau genauso küsst, sie genauso erotisch berührt wie Sie? Dennoch sind Frauen oft noch stärker beunruhigt, wenn sie spüren, dass eine tiefe emotionale Beziehung beginnt. Dies ist oftmals eine massivere Bedrohung für die Liebesbeziehung als der Seitensprung. Deshalb werden solche intensiven Gespräche, die man kaum noch vergisst, als seelisch-geistige Untreue bezeichnet. Zwar schläft man dann nicht miteinander, man küsst sich nicht. Aber es kommt zu einem gegenseitigen Schwingen, die Seelen berühren sich, man redet so intensiv miteinander, dass diese Gespräche fast ein Suchtpotential beinhalten. Schließlich denkt er mehr an die Kollegin als an die Ehefrau, ist innerlich ständig im Gespräch mit ihr.

Frauen wissen, dass aus einer solchen intensiven Gesprächsbeziehung eine Partnerschaft werden kann. Die emotionale Tiefe solcher Beziehungen ist für die eigene Liebesbeziehung viel gefährlicher als ein gelegentlicher Flirt. Deshalb haben Frauen zurecht ein Frühwarnsystem, das sie vor solchen Bindungen warnt, und sie werden eifersüchtig, wenn Männer immer wieder den gleichen Frauennamen erwähnen. Sie registrieren sehr aufmerksam, wenn sie spüren, dass sich ihr Mann innerlich immer mit einer anderen Frau im Gespräch befindet.

Männer hingegen reagieren oft wesentlich direkter. Sie sind vor allem dann empfindlich gekränkt, wenn sie von einem Seitensprung ihrer Frau erfahren. Oft haben sie dann Rachegedanken und nehmen sich vor, ebenfalls fremdzugehen.

Meine Forschungen zeigen: Männer und Frauen sind gleichermaßen eifersüchtig. Auf sexuelle Untreue reagieren sowohl Frauen als auch Männer sehr eifersüchtig. Ein Unterschied ergibt sich nur bei der seelisch geistigen Untreue. Diese liegt vor, wenn man eine so intensive Gesprächsbeziehung hat, dass man fast von einer partnerschaftlichen Bindung sprechen kann. Hier sind Frauen wesentlich wachsamer und eifersüchtiger als Männer. Frauen mit 70 Prozent, Männer nur zu 30 Prozent. Allerdings gibt es auch Männer, die bei dieser seelisch-geistigen Untreue unruhig werden. Das hängt mit ihren Bindungswünschen zusammen:

Wenn Männer eine innige Beziehung anstreben, viel reden wollen und eine große Nähe wünschen, müssen sie es als Bedrohung erleben, wenn ihre Ehefrauen sehr intensive Gesprächsbeziehungen eingehen. Ich habe deshalb den Männern immer folgende Frage gestellt: »Ist es für Sie sehr wichtig, dass Sie persönliche Gespräche mit Ihrer Frau führen, in denen Sie auch über eigene Ängste, Gefühle, Schwierigkeiten reden können?« Wenn dies bejaht wurde, waren diese Männer genauso eifersüchtig gegenüber einer sehr intensiven Gesprächsbeziehung wie Frauen. Dies zeigt: Wie eifersüchtig wir sind, wird immer von unserem Beziehungsmodell bestimmt. Offenbar hat das Ausmaß der Eifersucht psychologische Gründe und hängt nicht mit der Steinzeit oder der Biologie zusammen.

Wer nicht mehr liebt und nicht
mehr irrt, der lasse sich begraben.

Johann Wolfgang von Goethe

Das Geheimnis der guten Ehe

»Ich bin immer wieder etwas eifersüchtig. Ich habe immer versucht, viel allein zu machen. Jetzt bin ich wieder auf der Suche, worauf muss ich achten?«, fragte mich eine junge Studentin. Diese Frage verblüffte mich, denn im Allgemeinen gehen wir davon aus, dass die Liebe wie ein Naturprozess ist, den wir nicht beeinflussen können. Doch tatsächlich können wir begreifen, was bei der Partnerschaftswahl passiert und können dann unser Verhalten zumindest ein wenig ändern. Worauf müssen wir also achten, wenn wir nicht eifersüchtig sein wollen?

Das Drehbuch der Nähe

Die zentrale Angst eifersüchtiger Menschen besteht in der Befürchtung, der Partner könne sich abwenden. Also ist es wichtig, dass Sie sich einen Partner suchen, der wirklich zu Ihnen hält. Sie sollten sich also möglichst in einen Mann, (eine Frau) verlieben, der/die nachdrücklich »ja« zu Ihnen sagt und eine verlässliche Bindung anstrebt. Ob dies der Fall ist, spüren wir meist schon in den ersten Sekunden einer Begegnung. In uns allen ist ein inneres Drehbuch der Liebe aktiv. Dieses Drehbuch ist möglicherweise manchmal etwas kitschig, und wir würden es anderen deshalb auch nicht erzählen. Es ähnelt den alten Märchen: Da sucht Dornröschen den Prinzen und will gerettet werden, da klettert ein Mann zu Rapunzel empor und will sie bewundern, oder zwei gehen wie Hänsel und Gretel durch die Welt, um sich zu unterstützen. Und jedes Drehbuch hat ein anderes Nähemoment. Hänsel und Gretel erleben die beständige Nähe vor allem auch im Alltag, Rapunzel kennt die Nähe nur, wenn man sich um sie bemüht und Dornröschen erlebt die romantische Liebe und wird gerettet und man fragt sich: Was kommt dann? Jedenfalls suchen wir nach einem Drehbuch einen Partner, der zu uns passt. Welche Situation trifft auf Sie zu? Sind Sie eher eine Frau, die sich für Männer interessiert, die kameradschaftlich sind und viel Sicherheit ausstrahlen? Oder werden Sie unruhig, wenn Sie auf einen richtigen Kerl treffen, der wie ein einsamer Wolf aussieht: etwas verwegen, mutig und ein bisschen verloren? Mit ihm werden wir interessante Nächte verbringen können, aber sein Bindungsangebot wird gering sein, so dass Sie immer wieder etwas Eifersucht verspüren werden. Die Grundformel für ein eifersuchtsarmes Leben besteht deshalb in der Botschaft: Suchen Sie sich einen Partner, der sich wirklich auf eine Beziehung einlassen kann. Das spüren Sie daran, dass er Interesse an Ihnen hat, dass er Fragen zu Ihrem Leben stellt. Und er ruft Sie auch selbst an, Sie müssen ihm nicht hinterherlaufen. Bei ihm haben Sie das Gefühl: er will mich wirklich! Es mag sein, dass die »einsamen Kerle« manchmal mehr Gefühle in Ihnen hervorrufen. Sehnsucht entsteht oft gerade dort, wo man sich um den anderen bemühen muss. Doch wenn Sie sich auf Dauer ständig darum sorgen müssen, ob der andere wirklich treu ist und Sie liebt, werden Sie mit heftigen Eifersuchtsgefühlen rechnen müssen.

Ist er ein Teamplayer?

Schwierig sind auch jene Männer, die ständig auf Bewunderung angewiesen sind. Das können sehr aufregende, tolle Männer sein, die gern im Mittelpunkt stehen und tiefe Gefühle in uns auslösen können. Doch gerade diese Männer neigen dazu, sich auch Anerkennung außerhalb der Beziehung zu suchen. Kurzum: Sie neigen zum Fremdgehen. Achten Sie also bei der Suche vor allem auf den Faktor Beziehungsfähigkeit. Dieser entscheidet darüber, ob der zukünftige Partner im Wesentlichen an sich denkt oder ob er die Partnerschaft als gleichberechtigtes Team begreift. Wenn er ein Teamplayer ist wird er auch dazu beitragen, dass allmählich ein Fundament der Beziehung entsteht. Dann macht er Ihnen nicht nur Liebeserklärungen und massiert Ihnen den Rücken, er wird Ihnen auch seinen Freundeskreis und seine Familie vorstellen und davon sprechen, dass Sie nun eine Partnerschaft haben. Und nach mehreren Monaten haben Sie dann das beruhigende Gefühl: ich habe eine Liebesbeziehung, die ein ganzes Leben lang halten könnte.

Wenn sich das Band der Nähe lockert

Nun wissen wir alle, dass viele Beziehungen nicht ewig halten. Stets gibt es Belastungsproben, die wir bewältigen müssen. Das gelingt nicht immer: Wir sind gekränkt, fühlen uns nicht verstanden und ziehen uns zurück. Und allmählich lockert sich das Band der Nähe. Nun spüren wir, dass wir uns nicht mehr so gern an den anderen anschmiegen, wir reden nicht mehr offen miteinander. Und irgendwann gibt es dann einen größeren Konflikt, wir sind gereizt und sagen ihm, was uns schon immer gestört hat. Wir merken durchaus, dass ihn das Gespräch verletzt hat, zugleich sind wir wütend, weil sich nichts ändert. Wir merken, dass unsere eigenen Ansprüche unerfüllt bleiben. Er hilft nicht im Haushalt, wir versorgen die Kinder fast allein – so haben wir uns die Partnerschaft nicht vorgestellt. Schließlich geht auch die Sexualität zurück und die Beziehung wird immer distanzierter. Und jetzt sind Sie natürlich eifersüchtig, wenn er weggeht. Zu Recht fragen Sie sich: Findet er eine andere, die netter ist? Die seine Bedürfnisse erfüllt? Die nicht so viele Ansprüche stellt? Wir sind eifersüchtig, weil tatsächlich die Gefahr besteht, dass die Beziehung scheitert. Dies ist die Ursituation der normalen Eifersucht. Sie beruht auf dem Auseinanderleben der Partner. Und wir sehen hier eines ganz klar: Die meisten Eifersuchtsprobleme betreffen das Innenverhältnis der Partnerschaft. Genauer gesagt: Es geht um die Defizite und Konflikte der eigenen Beziehung. Es geht um die mangelnde Nähe und die Frage, warum man sich auseinandergelebt hat. Die Beantwortung dieser Frage ist meist wichtiger als die Beschäftigung mit der möglichen Rivalin bzw. dem Rivalen. Personen außerhalb der Liebesbeziehung bekommen meist nur deshalb eine so große Bedeutung, weil es in der eigenen Liebesbeziehung nicht klappt. Dabei darf es durchaus Konflikte geben. Ich bin sogar überzeugt, dass es in jeder lebendigen Beziehung Konflikte geben muss. Aber es wird problematisch, wenn die notwendigen Auseinandersetzungen unfair verlaufen, wenn man den anderen herabsetzt, wenn man den Respekt verliert. Dann haben wir unsere Beziehung vergiftet, die Nähe ist verlorengegangen.

Der Kitt der Liebe

Die wichtigste Maßnahme zur Eindämmung der Eifersucht besteht darin, das Band der Nähe immer wieder neu zu knüpfen. Und dazu sollte man nicht nur reden, man muss auch handeln. Wir brauchen dazu auch in den schwierigen Zeiten der Partnerschaft jenes gemeinsame Dritte, das uns immer wieder zusammenführt. Das sind gemeinsame Interessen wie ein Garten, schöne Radtouren, auch der Freundeskreis, den man zusammen pflegt. Dies alles ist der Kitt der Liebe, der dafür sorgt, dass in schwierigen Zeiten die Beziehung nicht zu distanziert wird. durch solche gemeinsamen Interessen entsteht immer wieder eine zwanglose Brücke zum Partner, auch wenn sich das Band der Nähe etwas gelockert hat. Doch wenn man zusammen das Unkraut zupft, durch den Sommerregen fährt oder eine Einladung vorbereitet, redet man irgendwie doch miteinander. Gemeinsam Erlebtes verführt geradezu zum Reden, und dies ist eine der wichtigsten Säulen einer guten Partnerschaft. Schließlich meinte schon Nietzsche, in einer langen Beziehung könne die Leidenschaft geringer werden und dann würde vor allem das Gespräch bleiben. Und diese Gesprächsbasis versachlicht die Beziehung. Dann fühlen wir uns in der Beziehung sicher, auch wenn die Leidenschaft manchmal schwankt. Und auch dies ist ein wichtiger Beitrag zur Dämpfung der Eifersucht. Die bekannten Überlegungen zur Eifersucht betreffen meist die Frage: »Was soll ich tun, wenn etwas passiert ist?« Doch es wäre wohl viel wichtiger, wenn wir vorbeugen und eine Liebesbeziehung aufbauen, in der nur geringe Eifersuchtsgefühle auftreten.

Zusammenziehen und Heiraten

Wenn Sie die Eifersucht wirklich bändigen wollen, dann beherzigen Sie noch einen weiteren Hinweis: ziehen Sie zusammen. Zwar zeigen alle Untersuchungen, dass das Zusammenziehen zunächst Schwierigkeiten mit sich bringt. Man ärgert sich gelegentlich über die unordentlichen Männer, man muss sich darüber einigen, wie man die Wohnung einrichtet. Und manchmal muss man seine Freiräume verteidigen, wenn uns der Partner zu sehr auf die »Pelle« rückt. Dennoch ist wissenschaftlich erwiesen: Liebesbeziehungen halten länger und sind beständiger, wenn man zusammen wohnt. Man genießt vor allem die mittlere Nähe: Er kocht, sie liest im Nachbarzimmer, man hört sich, sieht sich und so entsteht eine entspannte vertraute Nähe. Wenn Sie nicht zusammen wohnen, müssen Sie die Partnerschaft immer inszenieren. Man trifft sich meist nur dann, wenn man gemeinsam etwas unternimmt. Jene tiefe und dennoch entspannte, fast absichtslose Alltagsnähe entsteht nicht. Das Zusammenwohnen fördert also die unkomplizierte Nähe und verringert die Eifersucht.

Es gibt eine einfache Grundregel: Je größer der Abstand in

der Partnerschaft ist, desto stärker ist die Gefahr der Eifersucht. Das gilt natürlich insbesondere für Fernbeziehungen. Sie werden von beiden als erfüllend erlebt, wenn es trotz des Abstandes gelingt, das Band der Nähe immer wieder aufs Neue zu knüpfen. Und dies bedeutet meist, dass sich beide darauf verlassen, einander treu zu sein. Nur dann kann man entspannt das eigene Leben gestalten. Doch eine Dauerlösung ist dies für die meisten Menschen nicht. Nach meiner Erfahrung stellt sich spätestens nach zwei Jahren die Frage, ob man nicht doch enger zusammenzieht oder sich trennt.

Warum das Heiraten wichtig ist

Vielleicht leben Sie schon seit einigen Jahren in einer festen Beziehung und sind inzwischen auch zusammengezogen? Dann stellt sich doch sicher eine weitere Frage: Wollen wir heiraten? Nun verstehe ich jeden, der jetzt etwas zusammenzuckt und der Meinung ist, das Heiraten sei überflüssig, es sei der Tod der Liebe. Ich studierte während der Studentenbewegung, und mich hat das Modell Sartre/Beauvoir sehr geprägt. Beide haben bekanntlich nie geheiratet, lebten in unterschiedlichen Wohnungen. Ihre Bindung bestand in dem gemeinsamen Wunsch, die Welt zu erkunden und sich auszutauschen. Das fand ich damals faszinierend und dennoch frage ich mich heute: Hat das Heiraten nicht einen tieferen Sinn? Ist es wirklich nur ein überflüssiges Ritual? Wir sehen ja, dass sich verheiratete Paare weniger häufig trennen. Das kann zwei Ursachen haben: Entweder heiraten die Paare, die bindungsstärker sind oder das Heiraten führt zu einer tiefen Auseinandersetzung, zu einer ernsthafteren Haltung gegenüber der Partnerschaft. Vielleicht stimmt beides, und deshalb möchte ich Ihnen einen Vorschlag machen. Entweder Sie heiraten oder Sie führen in der Beziehung ein klärendes Gespräch. Doch immer sollten Sie sich mit folgenden Fragen auseinandersetzen: Was ist, wenn einer von uns beiden krank ist. Wenn einer arbeitslos ist? Sind wir auch in den dunklen Stunden des Lebens füreinander da? Können wir uns wirklich aufeinander verlassen? Und wenn Sie darauf eine Antwort gefunden haben, dann besiegeln Sie Ihre Absprache mit einer kleinen Feier zu zweit. Und Sie werden spüren, dass dieses feierliche Gelöbnis Sie zutiefst anrührt, weil wir dann hoffen dürfen: Ich bin nie mehr allein. So entsteht eine feste Bindung, die wir als die wichtigste Antwort auf das Thema Eifersucht ansehen müssen.

Wenn wir von anderen träumen

Allerdings kann auch das Zusammenziehen und Heiraten nicht verhindern, dass man sich manchmal auseinanderlebt. Meist liegt das Problem darin, dass wir den anderen ändern wollen und deutlich spüren, dass uns dies nicht gelingt. Natürlich sollen wir gelegentlich deutliche Ansprüche an den anderen stellen. Es gibt manchmal gravierende Probleme, so dass sich der Partner ändern muss, damit die Beziehung weitergehen kann. Aber ich bin doch von einer Tatsache überzeugt: Wir können den Partner kaum ändern. Er kann sich höchstens selbst ändern. Wenn wir es trotzdem versuchen, reißt meist das Band der Nähe, und die Eifersucht beginnt zu wachsen. Deshalb gibt es drei grundlegende Hinweise, die Sie beherzigen sollten:

1. Sie können den Partner nicht ändern. Sie können sich nur bestimmte Verhaltensweisen wünschen (»Bitte bringe das Frühstücksgeschirr raus!«) oder ihm sagen, dass er mehr in der Küche helfen soll. Aber versuchen Sie nicht, den Partner ändern zu wollen. Das führt nicht nur zu Machtkämpfen, Sie konzentrieren sich dann ganz auf seine Defizite und verlieren jene Gelassenheit, die für eine Partnerschaft unverzichtbar ist.
2. Vermeiden Sie Schallplattengespräche. Das sind jene Auseinandersetzungen, bei denen es immer wieder um das gleiche Thema geht. Die Argumente wiederholen sich ständig.

Sie sagt, er sagt, sie sagt ... Keiner gibt nach – nichts ändert sich ... aber beide fühlen sich ohnmächtig. Vermeiden Sie also diese Gespräche. Und prüfen Sie, ob Sie nicht geschickter mit solchen Themen umgehen können. Manchmal hilft es, wenn Sie die Ansprüche etwas reduzieren, nicht alles so absolut sehen, etwas mehr fragen, weniger fordern. Und plötzlich merken Sie, wie sich der Partner bewegt und Ihnen mehr entgegenkommt, als Sie erwartet haben.

3. Loben Sie den Partner, das ist quasi das »Schmieröl« der Beziehung. Und Sie werden erleben, dass dann Ihr Partner meist viel offener für Ihre Kritikpunkte und Wünsche ist.

Wer eifersüchtig ist, liebt zu wenig ...

Doch nicht immer sind wir so vernünftig, dass wir diese drei Hinweise beherzigen. Dann zerreißt langsam das Band der Nähe und wir fangen an, von anderen Frauen und Männern zu träumen. »Die Gedanken sind frei« – könnte man sagen. Aber das Tragische ist, dass wir gerade dann meist sehr eifersüchtig sind. Wir fühlen uns mit dem Partner nicht mehr verbunden, wir vereinzeln. Das macht unsicher, weil wir den anderen nicht mehr spüren. Und anstelle der Liebe entsteht dann die Eigenliebe. Wir denken nur noch an uns, an unsere Interessen, und das ist der Boden für die selbstbezogene Eifersucht. Zu Recht meinte der französische Moralist La Rochefoucauld, in der Eifersucht würde mehr Eigenliebe als Liebe stecken.

Geht es nicht tatsächlich bei der Eifersucht häufig mehr um die eigene Person, weniger um den Partner? Besonders deutlich wird dies, wenn man der gehörnte Ehemann ist. Dann hat man oftmals nicht nur seine Frau verloren, sondern auch seine Ehre. Typisch ist dann die Frage des Mannes: »Wie stehe ich jetzt da ...?« Das kann man durchaus verstehen. Doch die Tragik besteht darin, dass man zwar die Untreue der Partnerin beklagt, sich selbst aber nicht liebend verhält. Denn nach Liebe sieht die Eifersucht tatsächlich oftmals nicht aus. Vielmehr liegt der Eifersucht meist ein großes Verlangen nach Liebe zugrunde und die Angst, dass diese verlorengehen könnte. Es ist eher ein ängstliches Gefühl, man ist auf sich bezogen, man sieht mehr die eigenen Lebensumstände, weniger die des Partners. Und so kann man den Eindruck bekommen: Wer eifersüchtig ist, stellt zwar große Ansprüche an den anderen. Er will geliebt werden, liebt aber selbst zu wenig.

Doch was würde es bedeuten: zu lieben? Ich habe hundert Menschen befragt und bekam zu hören:

- Liebe ist, einen Menschen zu vermissen, sobald er zur Tür raus ist.
- Wahre Liebe ist es, wenn du dir eben diese Frage nicht mehr stellst. Dann weißt du, was Liebe ist.
- Wenn man weiß, dass man mit ihm alt werden möchte.

Nun mögen Sie einwenden, dass mit solchen Beschreibungen der Liebe nur die innere Befindlichkeit erfasst wird. Deshalb stelle ich nochmals die Frage: Was ist die Liebe? Antoine de Saint-Exupéry meinte einmal, die wirkliche Liebe würde beginnen, wenn keine Gegengabe mehr erwartet wird. Doch ist dies wirklich so? Ich denke, dass wir in der Liebe immer etwas ersehnen, erhoffen, erwarten. Vielleicht nicht immer kurzfristig, immer aber langfristig. Das wurde in den vergangenen Jahrzehnten mitunter verleugnet. Man tat so, als wäre man vollständig für sich verantwortlich, als dürfe man vom anderen nichts erwarten. Der berühmte Spruch des Gestalttherapeuten Fritz Perls lautete vor 40 Jahren:

> *»Ich tu, was ich tu; und du tust, was du tust.*
> *Ich bin nicht auf dieser Welt, um nach deinen Erwartungen zu leben, und du bist nicht auf dieser Welt, um nach den meinen zu leben.*
> *du bist du, und ich bin ich,*
> *und wenn wir uns zufällig finden, – wunderbar.*
> *Wenn nicht, kann man auch nichts machen.«*

Der Spruch von Perls war die Aufforderung, das eigene Leben zu gestalten, nicht zu schnell mit dem Partner zu verschmelzen. Das war nicht falsch. Aber trotzdem war diese Sichtweise übertrieben. Denn eine Partnerschaft ist immer eine gemeinsame Aufgabe, sie ist ein Team. Und jeder muss bei einem solchen Lebensprojekt »Liebe« mitwirken. Letztlich ist die Liebe ein Brückenschlag, es ist eine Kooperation und der Partner muss bereit sein, bei diesem Näheprojekt mitzuwirken.

Die Belastungsproben einer Beziehung

Dazu ist es wichtig, dass uns der Partner einigermaßen gut kennt. Er muss in der Lage sein, auf unsere Nähebemühungen einzugehen. Und wir müssen davon überzeugt sein, dass es der Partner gut mit uns meint. Doch gerade dies Gefühl kann in einer Beziehung immer wieder verlorengehen. Denn es gibt verschiedene Belastungen durch den Alltag, insbesondere durch Kinder, durch den Ärger hinsichtlich der Verteilung der Aufgaben im Haushalt oder durch Krankheiten. Nur wenn ein Paar diese Belastungsproben halbwegs gut bewältigt, kann es immer besser zusammenwachsen. Kinder sind dann langfristig ein wichtiger Bindungsfaktor. Und Liebesbeziehungen wachsen auch zusammen, wenn man die Arbeiten im Haushalt und Garten als gemeinsame Teamaufgabe begreift. Selbst schwere Erkrankungen können dazu führen, dass ein Paar zusammenwächst. Man kommt sich viel näher als sonst und man begreift, dass das Leben endlich ist. Frühere Differenzen verblassen, weil man gemeinsam begreift, was wesentlich ist.

Die eigene Kindheit begreifen

Doch oft sind wir nicht in der Lage, die Belastungsproben gut zu bewältigen. Jeder hat durch seine Kindheit seelische »Sollbruchstellen«, an denen die Beziehung scheitern kann. Wir sind dann zu empfindlich, haben zu hohe Ansprüche an die Liebe, sind zu schnell gereizt. Deshalb kann an solchen Bruchstellen die Liebe scheitern. Insofern ist es wichtig, dass wir uns drei Fragen stellen:

- Wie war meine eigene Kindheit, welche Defizite, welche seelischen Verletzungen gab es?
- Welche positiven Fähigkeiten und Eigenschaften habe ich mitbekommen?
- Welche Beziehungsmuster sind damals entstanden? Wo bin ich heutzutage empfindlich, schnell gereizt, was sind meine wunden Punkte?

Es ist wichtig, dass wir diese empfindlichen Stellen, diese alten Narben der Kindheit kennen. Denn wir alle verhalten uns in den Momenten der Eifersucht teilweise so wie nach einer schweren Operation. Nach belastenden Kindheitserfahrungen ist unser Seelengewebe zwar wieder zusammengewachsen, aber es entstand Narbengewebe, das nicht so beweglich ist. Deshalb reagieren wir später in der Partnerschaft ungeschickt, wenn wir verletzt, gekränkt und enttäuscht werden. Entweder wir schweigen und ziehen uns zurück oder wir reagieren gereizt und fangen an zu kämpfen. Aber immer gilt: Wir sind nicht in der Lage, geschickt zu reagieren und schaffen es nicht, dabei auch noch den Partner im Auge zu haben. Deshalb müssen wir gelegentlich überlegen, welche Altlasten wir in die Beziehung hineintragen. Schon das Erkennen dieser Problematik ist hilfreich, damit wir uns nicht zu unreflektiert verhalten und ständig mit dem Partner kämpfen.

Wo sind Sie im Leben einseitig?

Und wenn Sie mutig sind, sollten Sie vielleicht noch eine weitere Frage beantworten: Wo sind Sie im Leben einseitig? Es ist doch eine dramatische Problematik, dass wir uns alle in der

Liebe für einen Partner/eine Partnerin entscheiden und damit auf andere Lebensentwürfe verzichten, falls wir nicht ständig fremdgehen. Der sehr nähefähige, kameradschaftliche Partner ist selten sehr erotisch, der tüchtige Partner kann selten entspannen. Es fehlen immer die Ergänzungseigenschaften. Meine Großmutter pflegte zu fragen: Wie ist die Rückseite der Münze? Gewissermaßen zahlen wir für jede Partnerschaftswahl einen Preis. Wir bekommen zwar in einer guten Liebesbeziehung viel, müssen aber auf manches verzichten, was uns der Partner nicht geben kann. Es ist gut, wenn wir dies dann in einer Freundschaft ausleben können. Doch problematisch wird es, wenn unser Partner sehr einseitig ist, wenn wir zu viel vermissen. Dann kann es passieren, dass die Freundschaften eine zu große Bedeutung bekommen, so dass fast eine erotische Innigkeit entsteht.

Denn dann haben Sie zuhause den tüchtigen, zuverlässigen, aber doch manchmal schweigsamen Ehemann und zugleich einen anderen lieben Freund, mit dem Sie über alles reden können. Gelegentlich werden Sie dann vielleicht aufstöhnen und sich fragen: Warum ist es nicht möglich, dass ich die Eigenschaften beider Männer in einer Person habe? Aber diese Frage wird sich ihr Partner natürlich gelegentlich auch stellen. Und in Krisenzeiten ist er dann durchaus offen dafür, sich die fehlenden Erlebnisse in einer anderen Beziehung zu holen. Diese kann am Anfang durchaus freundschaftlich sein, aber wenn sie intensiver wird, kann das eine Bedrohung für ihre Partnerschaft darstellen. Deshalb sollte man den Partner nicht nur liebevoll an sich binden, es ist auch wichtig, dass wir unsere Einseitigkeiten gelegentlich überwinden.

Die eigenen unentwickelten Eigenschaften entwickeln

Die schwierigste Aufgabe in unserem Leben besteht immer darin, dass wir auch unsere unentwickelten Potentiale entfalten. Jeder Mensch ist einseitig, denn die Entstehung des Charakters ist immer das Ergebnis von Notsituationen. Als kleines Kind verfügen Sie weder über die innere Stabilität und Ausgeglichenheit, noch über die Lebenserfahrung, die bei der Ausgestaltung eines solchen Lebensentwurfes sinnvoll wäre. Vielmehr ist unser Lebensentwurf vor allem darauf ausgerichtet, mit Situationen von Angst und Bedrohung umzugehen. Nietzsche hat deshalb einmal gemeint, der Charakter sei immer das Ergebnis einer Suche nach einem Ausweg aus dem Urwald. Das klingt dramatisch. Und tatsächlich kann die Lösung, die ein kleines Kind findet, nicht sehr ausgeglichen sein. Dennoch gibt es das Ideal der ganzheitlichen Persönlichkeit. In meinem Studium habe ich gelernt: eine gesunde Persönlichkeit sei vorhanden, wenn man über alle vier Charaktereigenschaften verfügt:

- Man müsse sich sowohl um sich kümmern können (die Eigendrehung)
- Aber man sollte auch sozial sein (Außendrehung)
- Und man sollte den Wandel begrüßen (Veränderung)
- Und zugleich beständig sein können (das Bewahrende)

Jeder von uns sollte alle vier dieser Eigenschaften in sich verwirklichen. Das ist sicher schwierig, und jeder hat hier gewisse Schwerpunkte. Aber es wäre wichtig, dass wir wenigstens ansatzweise alle vier Eigenschaften in unserem Leben wiederfinden. Das sollte man natürlich für sich selbst tun. Es ist fatal, dass wir unsere Entwicklung zu sehr auf den Partner ausrichten. Genau diese Einstellung ist ja die Basis für Eifersuchtsgefühle. Dennoch ist es gelegentlich sinnvoll, wenn wir uns mit den Augen des Partners sehen. Wissen Sie denn, wie er sich bei Ihnen fühlt? Was er vermisst? Warum er bei Ihnen bleibt? Wann er glücklich ist?

Du bist die Welt für mich

Wir sollten einmal im Jahr miteinander Bilanz ziehen. Beide sollten dann erzählen, wie es ihnen geht, wie sie sich die Entwicklung im kommenden Jahr vorstellen. Das wäre wie eine Jahreshauptversammlung der Liebe. So gehen auch unsere Liebeshoffnungen in Erfüllung. Auch wenn wir gelegentlich einen genügenden Abstand suchen: In der Liebe haben wir doch die Hoffnung, dass wir eine gemeinsame Zukunft finden. Nun heißt es in einem sentimentalen Schlager: »Du bist die Welt für mich.« Zu Recht zuckt mancher bei dieser Aussage zusammen. Denn der Partner darf immer nur ein Teil unseres Lebens sein. Andernfalls überfordern wir jeden Partner und sind schließlich so enttäuscht, dass das Band der Nähe reißt. Und dennoch wäre es gut, wenn wir alle vier Eigenschaften so entwickeln könnten, dass unser Partner sagt: »In dir finde ich alles so vielfältig, dass du mich immer wieder fesselst«. Aber dazu muss die Liebe ein Abenteuer sein.

Die gefährliche Langeweile

Die größte Gefahr einer Partnerschaft besteht darin, dass sie langweilig wird. Darauf weisen vor allem die Befürworter der Untreue hin. Sie behaupten, man müsse fremdgehen, um nicht der Langeweile zu verfallen. Und es gibt dann fast alberne Ratschläge, wie man das Leben wieder spannend macht. Von der gemeinsamen Wanderung durch den Urwald bis hin zum Sex im Stadtpark (mit der Angst überrascht zu werden) findet man viele komische Vorschläge. Aber die schwierigste Herausforderung jeder Liebesbeziehung besteht doch darin, dass wir lebendig bleiben. Überlegen Sie doch einmal selbst: Welche Eigenschaften fehlen Ihnen Ihrer Meinung nach? Und wenn Sie das nicht wissen, fragen Sie Ihren Partner, er wird es Ihnen mit einiger Sicherheit sagen. Und dann versuchen Sie, sich gerade in diesem Bereich etwas zu entwickeln. Nehmen Sie sich kleine Schritte vor, die realistisch sind. Und planen Sie jedes Jahr ein Lebensprojekt, so dass sie mutiger und selbstbewusster werden. Vielleicht überwinden Sie Ihre Schüchternheit und halten einen Vortrag. Oder Sie lernen eine Fremdsprache und verbringen eine Woche im Ausland. Wichtig an solchen Projekten wäre nur, dass Sie dabei jene Eigenschaften entwickeln, die Ihnen schwer fallen. Wenn Sie sehr beständig sind, sollten Sie vielleicht etwas ganz Spontanes unternehmen, etwas Neues wagen. Und wer immer wieder das Neue im Leben gesucht hat, wird ein langfristiges Projekt anstreben, wo er Ausdauer haben muss. Wer sich gut durchsetzen kann, achtet darauf, hingabefähiger zu werden.

Sie werden erleben, dass ein solches Lebensprojekt nicht nur für Sie aufregend ist. Auch Ihr Partner wird gelegentlich feststellen: »So kannte ich dich bisher noch nicht.« Und auf diese Weise bleibt die Liebe lebendig und sie fesseln ihren Partner, indem er immer wieder eine neue Seite von ihnen kennenlernt. Und das ist sicher der beste – und zugleich schwierigste – Schutz vor zu starken Eifersuchtsgefühlen. Denn den Partner liebevoll zu binden, ist die schönste Antwort auf die Angst, die Liebe zu verlieren.

Anmerkungen

1 Eigene Umfrage 2012 mit 80 Frauen, 80 Männern

2 Simone des Beauvoir, zitiert nach Axel Madsen, Jean-Paul Sartre und Simone de Beauvoir, Reinbek bei Hamburg 1982, S. 74 f.

3 Leo Tolstoi, Anna Karenina, in: Werke in vier Bänden, Bd. 4, Salzburg 1979, S. 167

4 Honore de Balzac, Der Alchimist, Zürich 1977, S. 55 f.

5 Sigmund Freud, Brief v. 6.8.1882, zitiert nach Ernest Jones, Das Leben und Werk von Sigmund Freud, Bd. 1, Bern 1978, S. 143

6 Manes Sperber, Die vergebliche Warnung, München 1979, S. 92 f.

7 Für 81 Prozent war Anerkennung wichtiger, für 9 Prozent war beides wichtig, für 10 Prozent war die Sexualität wichtiger – insbesondere für Männer.

8 Nancy Friday, Eifersucht, die dunkle Seite der Liebe, München 1989, Verlagsinformation

9 Harald Schultz-Hencke, Der gehemmte Mensch, Stuttgart 1978, S. 161

10 Tolstoi, Anna Karenina

11 Simone de Beauvoir, Tochter aus gutem Hause

12 Tanja Tolstoi, Tagebuch: zitiert nach Anne Edwards, Die Tolstois, Berlin 1984, S. 247

13 Stendhal, Bekenntnisse eines Ichmenschen, Berlin 1923, S. 27

14 Elias Canetti, Die gerettete Zunge, Frankfurt am Main 1979, S. 144 f.

Weitere Bücher zu diesem Thema